一顿自己的晚餐

one

有些事现在不做，
一辈子都不会做了

韩梅梅
杂　鱼 — 著

HAN MEIMEI
ZA YU
WORK

北京联合出版公司
Beijing United Publishing Co.,Ltd.

目录

就 算 全 世 界 与 你 为 敌 ，

好吃的，

永远站在你这一边。

用食物将内心照亮

『正能量食谱』

对于一个爱吃的人来说，人生最美好的事情，莫过于遇见美食。

如何判断一个人爱吃呢？答案是：

见到美食，立马双眼冒光，脑子里第一个念头就是：“都是我的，谁也别和我抢！”

吃到好吃的东西，快乐会像烟火一样，在内心炸开。全身细胞都感受到幸福，无比的幸福。活着真好！世界真美好！

只恨自己胃不够大。

这一天的苦和累，也算值得了！

然后心里必然有两个想法：1. 以后天天都要吃到它！ 2. 下次要带 ××× 来吃。

继而开始担心，下次吃不到了怎么办？

出来漂泊十几年了，在异乡租房子住，房间可以很小，但必须要有窗户和厨房。

我需要做一点儿热的东西吃。

吃饱了，才能温暖，才有力量抵抗人世的寂寞和坎坷。疲惫了，就坐下来。歇一歇，吃一点儿。休息过后，积蓄能量，继续生活。

最简单的食物，能吃出人生的味道。不管际遇多艰难，那种酒足饭饱的幸福感，没有东西可以与它抗衡。

有一年，一个朋友生意失败，老婆走了，他一连十几天没有出门。

我们去看他，只能默默地陪伴他，因为一切安慰鼓励的话，他已经听太多了。“以后会好起来的”，太空洞又没有力量。

一支又一支地抽完两包烟之后，他突然抬起头对我说：“我厨房的窗台上有一坛泡菜，你给我做一碗酸辣面吧！”

我马上起身去做。

他坐在客厅，窸窸窣窣把一碗面吃掉，还双手捧碗，把汤喝得一干二净！我们不再那么担心：只要他还想吃，就没有问题！

食物，隐藏着过往。有时候，我们用一种味道去寻找一种过去。令人熟悉的味道，唤醒记忆。

我回乡过年，带了一些家乡的香肠回京，约漂在北京的彝族音乐人莫西子诗吃晚饭。

当一盘油亮亮、香喷喷的香肠端上桌，莫西夹起一块，送进嘴里。

我很难忘，几乎是下一秒，他眼睛里淌下了泪水……

味蕾，有时候连接着乡愁，让异乡的人们情难自禁。

食物，有时和爱情有关。

看一个女孩子写书评，写到她爱上了一个男生，远远地看着他，心里想："我以后要给他做饭……"

这句话，瞬间击中了我内心的痛处，我相信有好多女孩子都有过这样的时刻。遇见一个人，愿意为他做做饭，洗洗碗……

而那个曾经来吃过饭的男生，她并没有好好珍惜，早已失去了联系……

食物还传达着友谊和珍重。

我的好朋友符马，从广东搬到北京来住，为了买一个好锅，他去了三趟宜家。他邀请我去他家品尝新锅做的饭，但我生病了，没法出门。于是，他提着锅、小米和罐头，来我家熬粥。

能在生病的时候喝到一碗热粥，是幸福的，但更幸福的是，在生病的时候，有人为你做些什么。

靠在沙发上看电视，厨房传来的燃气"嗞嗞"燃烧的声音极有治愈效果。符马站在厨房，盯着他的锅，不时伸手搅动一下里面的小米，然后再用赞赏的目光凝视它……许久许久，一个声音从厨房传来："我爱我锅！"

他如此爱锅，锅也没有辜负他。那天的粥确实浓香黏稠，好喝极了！

吃，是一件幸福的事情。

胃的饱满，带来心的安稳。

当你觉得很累的时候，食物让你放松。

心情不好时，化悲愤为食欲，吃点儿好东西，能马上把不开心的事忘到脑后……

寂寞的人、失恋的人、失意的人，都能在食物里获得一些安慰。

各地的美食，激发你远行的欲望……

只要你还能吃，就没有过不去的事！

这是一本关于食物的书。讲怎样做好一顿简单的居家晚餐。

没有复杂的技法和特殊的食材。简简单单。

就希望你能好好给自己做一顿饭，好好照顾自己。

时间，每一分每一秒都在眼前流淌而过。我们要珍惜每一顿食物，好好享用它，感受它。

不管你在什么地方，不管你正遭遇什么，你只管好好吃你的饭，喝你的汤。

就算全世界与你为敌，好吃的，永远站在你这一边。

晚餐

PART 1

电影里的姜汁瘦肉

第一次看到这道菜是在《海鸥食堂》里。故事发生在“从不做自己不喜欢的事”的幸惠在芬兰开的一家小餐馆里。刚开始，海鸥食堂没有人光临，透过玻璃窗，只能看见幸惠一个人在店里擦擦洗洗，趴在桌上打瞌睡；后来，海鸥食堂来了一群好玩的人，发生了许多单纯欢乐的事情。电影里充满了善意迷人的微笑、咖啡的香、海鸥的身影，以及各种餐具碰撞的声音……

“不管到哪里，伤心的人还是伤心的，孤单的人还是孤单的。”食物的香味从海鸥食堂弥漫出来，温暖了一颗又一颗陌生人的心。

在一次料理午餐的片段中，我看到了简单的瘦肉与姜汁酱汁的烹饪，虽然隔着冰冷的电脑屏幕，却能感同身受，仿佛能闻到那股姜汁的香味……

瘦肉不需要事先腌制，中火慢慢煎熟，倒入一碗混合着各种酱汁调配成的姜末汁，慢慢地熬煮，让每片瘦肉更好地吸收酱汤的咸甜。

一片瘦肉，一口米饭，简单却用心万分！

“如果明天就是世界末日，今天你要干什么？”

“要吃很多好吃的，叫上喜欢的人。”

1 准备好食材：瘦肉、生姜、高丽菜、西红柿、鸡蛋、酱汁（2勺豉油鸡汁、1勺海鲜酱油、1勺白糖、1勺料酒、半碗水）。

2 先将瘦肉切成薄片。

3 将生姜切成细末状。

4 将瘦肉放入平底锅中，煎熟。

5 倒入调好的酱汁，中火煮。

6 再放入姜末一起焖煮，大致5分钟收汁即可，熟透装盘（高丽菜切丝，摆在煮好的瘦肉旁，可配合沙拉酱食用）。

7 西红柿切块后，放入锅中煮。

8 在水沸的锅里，倒入打散的鸡蛋，起锅时倒入些麻油口味更鲜。

1

2

3

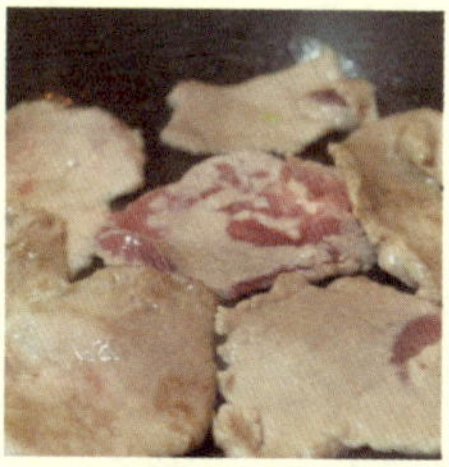

4

5

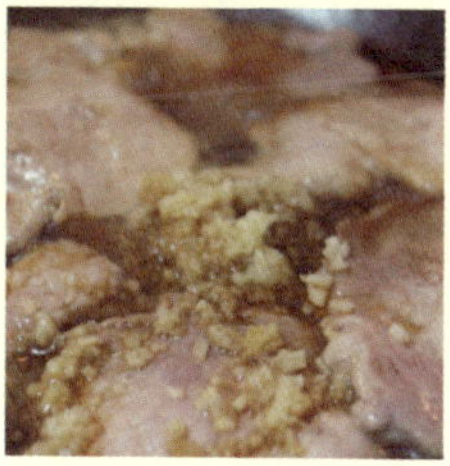

6

7

8

红彤彤的麻婆豆腐

看到红彤彤的麻婆豆腐，就想来碗米饭，又麻又辣好过瘾。满街川菜馆子，真是让人又爱又恨，每次都埋怨吃得太辣，对肠胃不好，但依旧不停地大口大口地吃着。生活的压力常常需要刺激来缓解，索性就开怀地吃。

对于吃，不需要太计较，喜欢就吃。

给自己做一顿麻辣生香的麻婆豆腐，拌饭猛吃一顿，在麻和辣里横扫抑郁情绪。

这道菜里的花椒是没有磨碎的，会让北方的朋友一边吃一边不停地吐花椒子！ 而云贵川的孩子们，嘴里嚼着花椒，麻味翻滚，内心狂喜。

1 准备好食材：豆腐、肉末、淀粉、花椒、干辣椒、郫县豆瓣酱、青葱、盐巴。

2 豆腐入水煮，放入些盐巴。

3 冷油翻炒花椒和干辣椒。

4 放入郫县豆瓣酱，倒入肉末一起翻炒。

5 加入清水。

6 放入豆腐焖煮。

7 倒入淀粉勾芡。

8 装盘，撒上切好的青葱。

1

2

3

4

5

6

7

8

姜

似乎没有谁教，只要是东方人，长大了自然就会喜欢上姜。

小时候，我们家乡有一种锻炼小孩子手指头灵活性的游戏：将中指搭在食指上，再将无名指搭在中指上，再将小指搭在无名指上，然后大人问我们：“你们看，这样像不像一块生姜呀？”

我们低头看看被掰得奇形怪状的手，开心地连连点头说：“像！”

姜，就是这么一个长相奇怪的东西，味道也怪，小孩子是不喜欢的，经常被潜伏在各种菜肴里的这种配料辣得龇牙咧嘴，但它偏偏固执地出现在各种各样的菜里。

长大以后，我们会慢慢体会到这种食材的美妙之处。似乎没有谁教，只要是东方人，长大了自然就会喜欢上姜。动手做菜也开始离不开它。面条、海鲜、肉类，甚至做甜品，也会扔两根姜丝进去。

姜的作用太多了，可以去腥、提鲜，还能驱寒、提振精神。

我妈妈喜欢在每年嫩姜出来的时候，买一点儿还带着幼芽的嫩黄色的姜块回来，在泡菜坛里泡上几天，捞出来，切成片，捏起两片，就这么吃。细细咀嚼，味蕾十分受刺激，泡嫩姜的味道辛辣芳香，爽脆多汁。生吃味道已然很好，炒肉的时候放一点儿，更是点睛之笔。

小小的一块姜，不但是食物，还是药材。在风寒感冒来临时，一碗烫的生姜糖水，驱寒的效果要比任何一种药物来得好。

在各种各样的民间偏方里，姜也无处不在：晕车吗？贴一片姜在肚脐上，就会好。脚寒吗？用姜汁加热水泡脚，效果奇佳。爱脱发，用生姜水洗头或者擦头皮。长冻疮了，用新鲜的姜片来擦……

我在桂林阳朔住时，经常去一家路边糖水铺吃饭，那里有各种各样的甜品和汤。我最喜欢吃老板娘现煮的桂花糖水蛋，用小小的手柄锅化了糖水，放入两根姜丝，放在煤炉子上烧，在水即将沸腾的时候，敲一颗鸡蛋进去，然后保持小火，让滚水慢慢包裹鸡蛋，直到蛋白成形。然后用一根筷子插入桂花酱的坛子里，蘸一点桂花出来，轻轻点进糖水，就可以出锅了。嫩嫩的溏心蛋，带着桂花香和红糖的甜蜜。更重要的是，那一丝姜味，极好地和红糖结合在了一起，真是一种奇妙的甘甜，让人过了这么多年，还念念不忘。

我后来在北方尝试过做糖水蛋，试过好几次，很奇怪，总不是那个味道。这也难怪，蛋不是那个蛋，糖也不是那个糖，姜更不是那个姜，所以出不来那个味。所以说，一方水土养一方食物，强求不得。

不想出门的西红柿鸡蛋面

怎么发觉冬天来了呢？晚上，睡到半夜，突然觉得被子不够厚了，冷了，就在考虑要不要凑合着继续睡和起来加一床毛巾被的犹豫之间，我渐渐地明白：冬天来了！

雨雪霏霏的初冬，我总是在“要不要出去”中徘徊。

一天都没出门，因为外面太阴冷了，这让人心情很不好，本来还想出去吃个饭，穿上鞋，一打开门，一股扑面的寒气，就算了……

于是中午就吃两块饼干凑合了。

下午想出去散个步，顺便买张碟回来，但是站在阳台上，发现外面下着雨，又放弃了……

坐在没来暖气的房间里看电影打发时间，还是很冷，就起来洗了个热

水澡。

洗完澡，身体暖和过来，饥饿感也明显袭来了。

又是一番“出去”还是“不出去”的挣扎。

最后，冰箱里的两个鸡蛋和一个西红柿留住了我。

西红柿鸡蛋面，太过于简单平凡，好像从来都是“没办法，就吃这个吧”的选择，但是，每次做出来都觉得味道很好！酸甜的口感，配上鸡蛋的焦香，吃得简单，但身心快乐！

西红柿鸡蛋面的精华，是吃完之后，碗底残留的那一点儿小汤汁，不多，就一点点，但浓稠、丰盛，要双手捧碗，一口喝掉！那美妙的味道，真是一语难休！

1 准备好食材：面条、鸡蛋、西红柿、盐巴、白糖。

2 西红柿切块。

3 面条入锅加入盐巴煮熟。

4 面条煮熟过冷水。

5 鸡蛋大致搅拌一下，入锅小火翻炒。

6 西红柿下锅炒至软烂，加入白糖。

7 倒入炒好的鸡蛋，放些盐巴一起翻炒，起锅浇在面条上即可。

1

2

3

4

5

6

7

闻香识肉

我住四楼，对门住了一个老头、一个老太太和一只小狗。

小狗好奇心极强，每次我上楼，它都要在门内狂吠几声……

一晚回家，上楼，它又开叫，一直叫到我进门。

隔着门，我听见老头开门的声音，然后说："你看！哪有人？哪有人？"

小狗不叫了。

老太太精神有问题，每天都趴在窗户上朗读《沁园春·雪》，唱《毛委员和我们在一起》，喊"人民万岁"，她有时候还会和从楼下经过的人说话，由于语速正常，语调清晰，导致很多不明就里的人站在楼下和她一唠就是 20 分钟……聊到口水说干，楼下的人才会发现有点儿不对劲儿……

有时候，我也会趴在窗台上喊快递，或者和朋友说话，一窗之隔，总会听见老太太冷静清晰地点评："普通话不标准！"

有一天，我从楼下走过，没有听见歌声，抬起头一看，老太太静悄悄地趴在窗台上，只露个头。她的头很小，头发被风吹动，全部灰白了……我心里一阵酸楚。

冬天的时候，老太太不能开窗，于是歌声就自然消失了。

我经常在下楼时，看见老头买菜回来，双脚踩着雪泥，提着塑料袋，一点儿一点儿往上走。

每一次，我都尝试用微笑向他打招呼，但他总是很冷漠地和我擦肩而过。

尽管老头很冷漠，但我知道，他能做得一手温暖的好菜。因为每天出门，总会在楼道里闻到那种从锅边飘来的香味，香得我闻一闻都觉得快乐！某一瞬间，我甚至有敲开门，去他家吃一顿饭的冲动……

在那个小区住了 4 年，我非常确定，老大爷最擅长的一道菜是：红烧肉。

1 准备好食材：五花肉、大葱、姜片、八角、香叶、冰糖、豉油鸡汁、酱油、料酒、香菇、青菜。

2 将五花肉切块。

3 五花肉焯水，撇去血沫子。

4 将青菜过水煮熟。

5 热锅冷油，放入冰糖慢慢熬成焦糖。

6 放入五花肉翻炒上色，再加入豉油鸡汁、酱油、料酒。

7 放入冷水，加入八角、香菇、香叶、大葱、姜片盖锅焖煮。

8 煮至汤汁收至黏稠便可。

1

2

3

4

5

6

7

8

不能马虎的番茄意面

作为一个懒人，最希望冰箱里能装一些好吃又不容易变质的东西，那么，意大利面是不二的选择。同样是面条，它可比方便面营养多了。也更加“洋气”，不是吗?

一包意面，最多可以在冰箱里保存一年。它种类繁多，做法多样。我最喜欢的是番茄意面，番茄酱与面条完美融合，样子好看，味道不赖，最适合做成消夜深夜发在微博上。

想在家中做一顿好吃的番茄意面，自己动手的过程一点儿不能马虎。

一、煮意面时在水里放一些盐巴，面条不容易粘在一起。

二、面条出锅后泡入冷水中，能让口感更具弹劲。

三、熬番茄酱前，先把西红柿在热水里煮下，这样容易去皮；切块入锅，熬的时候，尽量熬至浓稠，用小火慢慢熬至所有汤汁收缩，呈黏稠状。过程不可急，时间不够，番茄酱水分过多，口感不佳。时间久了，注意番茄酱的浓稠程度，翻搅得勤些，避免火大，大火容易煳掉粘锅。

四、洋葱、蒜头、黑胡椒粉是意大利面不可或缺的必备选材。

五、第四条忘了写一样东西：芝士粉。

1

2

1 准备好食材：意大利面、西红柿、肉末、洋葱、蒜头、黑胡椒碎、黑胡椒粉、白糖、盐巴、芝士粉。

2 西红柿放入热水中煮一下，去皮。

3 将去皮的西红柿切块。

4 将意大利面放入加了盐巴的沸水里煮熟。

5 面熟了捞起放入冷水中。

6 先依次放入蒜头、洋葱、黑胡椒粉下锅翻炒。

7 倒入西红柿一起炒制。

8 放入 2 勺白糖、2 勺盐巴、黑胡椒碎，小火慢慢熬制番茄酱，放入肉末一起熬煮，直到汤汁收缩浓稠。

9 面捞出摆盘。

10 浇上番茄肉末酱，撒一点芝士粉。

3

4

5

6

7

8

9

10

蘑菇

鲜美的化身，
神奇的植物。

我在猜测：第一个吃蘑菇的人，是个什么样的人？

我猜他一定不是美食家，而是一个迷恋幻想的疯子，在一次次地尝试了迷药般的植物之后，终于发现了这无毒的人间美味。

在我的家乡，夏天是吃蘑菇的好季节。

我们那里管蘑菇叫“菌子”。

大山里，有森林；森林里，有菌子。菌子长在不容易看到的地方，山里的彝族人知道最好的菌子长在哪里，每天都去采摘，摘了几把就用树藤捆好，走路下山，到市场去卖。有时候，还没有走到市集，就已经被下班的人买走了。

作为一个山里长大的人，我幸运地吃到过各种各样的菌子：松茸、牛肝菌、牛肚菌、鸡纵菌……当时我并不知道，将来进了城，这些东西是极贵的。

在我们小时候，山上有好多好多鸡纵菌，雨水过后，满大街都有人卖。一朵一朵长着长腿的精灵，散发着独特的清香，十块钱一大把。

那时候，我们县里的水龙头里流淌的是从山洞里出来的泉水，我妈妈喜欢买鸡纵菌回来，一朵朵在水龙头下温柔冲洗，然后炒菜给我们吃。新鲜的鸡纵菌，搭配刚摘下来的青椒，大火烹炒，滑嫩鲜香。土地里长出来的东西，那是一种实实在在的好滋味。

吃不完的菌子，妈妈会熬一锅荤油，把鸡纵菌炸干，装进罐子里。可以保存好久。将来吃面的时候，挑一点儿鸡纵油来拌面，味道真是好极了！

20 年以后，我在北京，有朋友请我去云南驻京办事处吃油浸鸡纵。已经不再新鲜的菌子看上去干巴巴，泡在油里，挑两根细细咀嚼，确实还有那个味道，朋友顿觉惊艳，很是激动，我只是微笑不语。

现在，好吃的蘑菇已经是千金难买。

我们也已经离开了家乡，再不可能像过去那样“腌着”吃蘑菇了……

美味的菜，和美的梦一样，都是可遇不可求的，它们的珍贵，总是过了以后才懂得。

一个人的蘑菇炒饭

偶尔剩下的隔天饭怎么办？再热一遍不新鲜，倒掉又觉得浪费，真纠结。

一个人的时候，最简单好吃的方法就是炒饭。把各种的荤素材料与米饭一起翻炒，具体内容视你的冰箱情况而定。食物各有各的味道，似乎每一种都有和米饭搭配的潜质。

炒饭，既营养，又简单，还美味。

这里讲的是蘑菇炒饭。

将蘑菇切片，将肉末与菌类分别炒熟，将蛋液倒入冷饭中一起翻炒。再泡一壶枸杞茶，取几粒枸杞放入炒饭中，营养美味，既顾好自己的胃，也呵护了自己疲劳一天的眼睛。

炒好的饭，撒入一些白胡椒粉与香菜，会更具香味的。

一个人吃饭，可以在厨房，也可以在餐厅，还可以在客厅，甚至可以在卧室。

第一口，很好吃。第二口，也很好吃。不知不觉，一盘炒饭就吃完了。

1

2

3

4

5

6

7

1 准备好食材：冷饭、蘑菇、肉末、鸡蛋、枸杞、白胡椒粉、香菜。

2 将蘑菇洗净，切片。

3 枸杞泡水。

4 将切好的蘑菇、肉末分开入锅翻炒。

5 冷饭入锅炒时，放入打得均匀的鸡蛋一起翻炒。

6 加入炒好的蘑菇和肉末。

7 加入枸杞翻炒下，撒入一些白胡椒粉和香菜便可出锅装盘。

深夜里的一碗海鲜拉面

一个人住，常会因为诸多原因忘记了吃晚饭。或者半夜肚子饿了，一下子好想吃东西。

所以要在冰箱里储备一些食材，以备不时之需。推着小车，走在超市琳琅满目的小道上，根据自己的喜好来购置食物，是一件愉快的事。买好了东西，提回家一一摆进冰箱，感觉也不赖！

经常在加完班后，拖着疲惫的身子回到家才发现饿得不行，于是翻翻冰箱，还好储备充足。

我想煮碗面，于是翻出鱼丸、虾仁、鱿鱼、蔬菜和鸡蛋挂面，统统入锅。

如果觉得太单调，可以用海带泡的汤水与酱油调制一碗酱汁，将碗里的海鲜夹起来蘸着吃。

偶尔的消夜，不但需要填饱肚子，更要能吃得踏实些。对于疲劳的人来说，更应该温柔怜惜地对待自己。安静的夜晚，别人都睡了，你可以不紧不慢地吃一点儿东西，然后歇歇再睡。

肚子里暖暖的，很踏实，会好过空空荡荡，能睡得更好。

1 准备好食材：鸡蛋面、虾仁、鱿鱼、姜丝、青菜、柠檬。

2 虾仁去掉背上沙线。

3 姜丝入锅。

4 水开后依次放入虾仁、鱿鱼、鸡蛋面。

5 最后放入青菜。

（蘸酱调料：海带泡的汤水、半勺海鲜酱油、半勺豉油鸡汁、半勺白糖、半勺料酒，最后挤些柠檬汁。）

1

2

3

4

5

爱吃白菜肉馅饺子的唯一理由

爱吃白菜肉馅饺子的唯一理由是，它是父亲教我做的。

北方的饺子好吃，种类多，馅大，又香又多汁。父亲过去在北方生活过，所以会包一手地道的北方饺子。他自己在家里就能剁好肉馅，擀好饺子皮，包了很多，放在冰箱中冷藏，饿了就拿一包下水煮。

我到了北方后，吃到了正宗的北方饺子，但是，总觉得不如父亲包的好吃，更加怀念父亲包的饺子。

想念不如行动，讨教之后，也学着父亲教的方法包起饺子。买了现成的饺子皮，白菜切碎了加入盐巴去掉苦水，拧干；肉馅不需放太多的调料，一点儿酱油、一点儿盐巴、一点儿麻油、一点儿白胡椒粉，却要多一点儿的生姜末，搅拌好。一切的工序完成后包饺子入锅。

这样包出来的饺子，伴随着略微的姜味、麻油与蔬菜的清甜，蘸着醋吃，真是说不出的好吃。吃着自己亲手包出来的饺子，才有生活的感觉！

1

2

1 准备好食材：白菜、肉馅、生姜、饺子皮、盐巴、酱油、麻油、食用油、白胡椒粉。

2 白菜洗净切碎。

3 放入一些盐巴搅拌几下放置，让盐巴杀出白菜的水分。

4 肉馅放入切碎的姜末、2 勺酱油、2 勺盐巴、2 勺麻油、1 勺食用油，撒入白胡椒粉充分搅拌。

5 白菜放置 20 分钟后，先用水冲洗掉苦水与咸味，用力挤干白菜。

6 沥干的白菜与腌制好的肉馅一起搅拌。

7 将一小勺子的饺子馅放入饺子皮中。

8 从下往上对折饺子皮。

9 然后从两边往里一点儿一点儿捏紧即可。

10 包好的饺子入锅煮熟。
（煮饺子时点三次水，水里放入一些盐巴，这样饺子就不会粘皮。）

3

4

5

6

7

8

9

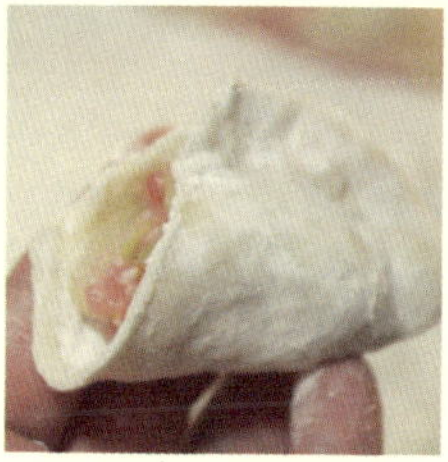

10

白浆海鲜意大利面

这是另一种意面的做法，白浆海鲜意大利面。

这种意面，讲究的是“白浆”的制作。白浆是一个好东西！是让意面好吃又好看的关键，虽然不需像番茄酱那样不停地熬煮至浓稠，却需要对火候的拿捏。

黄油放入锅里，隔水熔化，倒入面粉翻搅，再倒入牛奶慢慢搅拌至浓稠。整个过程都需要隔火，因为黄油与面粉很容易粘成团，一旦成团了，牛奶再入锅煮就熬不出稠稠的白浆。

意面放入加了盐巴的锅中煮熟，沥干后，放入锅中与烫过的海鲜一起翻炒，倒入白浆再翻炒过，便可以起锅装盘。

我第一次吃挂着白汁的意大利面，味觉大为震撼！那种黏稠浓香的味道，看似一般，其实不然，让人会心一笑，它属于那种吃第一口觉得惊艳，吃完后觉得有点儿腻，但是过了两天还想再吃的东西。

好好享用这顿丰盛的晚餐吧！

1 准备好食材：面粉、意大利面、黄油、鱿鱼、虾仁、蒜头、荷兰豆、牛奶、盐巴、鸡精、黑胡椒粉、芝士粉。

2 黄油隔水熔化。

3 放入面粉隔水翻炒下，加入牛奶搅拌。

4 煮成黏稠状，白浆完成。

5 鱿鱼、虾仁、荷兰豆入水煮熟。

6 先放入蒜头、黑胡椒炒香，依次放入煮好的食材，加入盐巴、鸡精翻炒。

7 煮熟的意大利面入锅，加入白浆一起翻炒。

8 起锅撒入黑胡椒粉与芝士粉。

1

2

3

4

5

6

7

8

重重叠叠的幸福汉堡

喜欢吃汉堡，因为面包里夹杂着丰富的食材，牛肉、培根、鸡肉、蔬菜、洋葱、芝士、奶酪等应有尽有。最喜欢的是大口咬下，从味觉中，体会一层层浓厚的芝士香、洋葱的辣味、蔬菜的香甜、肉类的多汁，混着面包的麦香。好过瘾。

自己在家做汉堡，其实并不是一件琐碎的事。只要准备好食材，花不了多少时间，就能品尝到不一样的美味了！

食材的选择很重要，鸡腿软嫩易熟。用黑胡椒、盐巴与酱油腌制，让味道能充分地深入，然后再入锅煎熟。面包的选择就因人而异，吐司、汉堡包、面包棍都可以。先放入微波炉或者平底锅预热下，让面包松软焦脆些，再将喜欢的食物一层层地叠加上去，刷上沙拉酱，加入芝士片，很快就能在家里吃到自己亲手制作的汉堡包了。

我喜欢在下班以后，打开厨房的窗户，让夜风吹进来，听着收音机，做这道晚餐。

做完之后，少不了一番对汉堡包充满成就感的端详，然后快点大口咬下，配上一杯冰爽的柠檬苏打水，整个夜晚也因为这“重重叠叠”的食物而让人感到幸福倍增。

1 准备好食材：去骨的鸡腿、培根、沙拉酱、芝士、生菜、豉油鸡汁、酱油、白糖、料酒、黑胡椒粉。

2 鸡腿先用豉油鸡汁、酱油、白糖、料酒、黑胡椒粉腌制。

3 将腌制好的鸡腿煎熟。

4 在面包上涂裹沙拉酱。

5 放入煎好的培根，生菜、芝士、鸡腿片依次叠加。

6 盖上面包，汉堡完成。

米

把米饭做熟不是难事，难的是怎么才能做得好吃。

每次去机场，从国际出发口经过的时候，都能看见一拨又一拨年轻的学生，拖着大箱子，在亲人的相送下准备过关。看着他们大大小小的行囊，我总在猜测：哪个人的行李里，装着一个小小的电饭锅?

出国留学有两样东西特别重要：电饭锅和老干妈。

有了这两样，在异国他乡，再难的日子也好过些。

我爱吃米饭，尤其是那种新米煮成的，粒粒分明，芳香扑鼻，充满弹性！什么都不搭也可以吃一大碗！

在云南、四川、贵州、湖南长大的人，一定知道米饭加腊肉的滋味吧！糯糯的大米饭搭配一大片肥瘦相间的腊肉，吃起来有一种洋溢心中的幸福感！

去了香港，一定要吃烧腊煲仔饭。香港餐厅的服务生，行动特别快速，你一落座，茶水就已经“哐”地摆在了你的面前。服务生手持小本，迅速记录你的点餐，然后冲你点点头，马上转身走了。过不了多久，你要的菜就来了。煲仔饭，热气腾腾，香气四溢。饭在下，菜在上，但是菜的油已经浸入了米饭，让人满心欢喜。

对于喜欢吃米饭的人来说，好多食物吃多了就会腻，但是天天吃大米就不会。这真是奇怪。就算没有好菜搭配，一勺老干妈，一块豆腐乳，也能吃得津津有味。

还有什么菜搭配米饭最好吃?

颜色好看的西红柿炒鸡蛋，嫩嫩滑滑的鸡蛋羹，多汁的红烧排骨，味道丰富的各种咖喱，又麻又辣的麻婆豆腐，油汪汪的橄榄菜，小鸡炖蘑菇的汤……

我在福建生活的时候，吃过一种茶泡饭，非常普通的平民食物。清苦的茶，搭配粒粒分明的米饭，吃起来和粥不一样，没那么黏糊，多了一分清香，搭配一份质朴的小菜，味道返璞归真，清淡滋味，透彻身心。

一个人的时候，喜欢给自己炒米饭吃。

炒米饭，听起来容易，要炒好可不容易。

首先，米饭最好是昨天晚上就煮好了放着的。用热饭来炒，肯定软塌塌的，不好吃。

炒饭，讲究米粒分明，秘诀就是多放点儿油。火要大，动作要快。

放点儿鸡蛋就是蛋炒饭，放点儿虾粒就是海鲜炒饭，放点儿牛肉就是牛肉炒饭，放点儿泡菜就是韩式炒饭。不管冰箱里有什么，杂七杂八拿出来切细了炒进饭里，就是什锦炒饭。

炒饭这个东西，本来就是想凑合一下的，谁知道，总是一不留神，就做好吃了!

当红烧鲅鱼遇见绵软米饭

我爱吃鱼，鱼身上最好吃的部位是肚子，细腻的肉，搭配晶莹的软脂最可口。鱼头好吃但难打理，鱼脸上的那一小块肉是最鲜嫩的。我还有个朋友，爱吃整条的鱼，吃得只剩下脑袋和骨架……

今天介绍一道好吃的菜，叫红烧鲅鱼。

鲅（bà）鱼，也叫马鲛，与日本料理里常出现的鲭鱼十分相似，却又不同：鲭鱼眼大体宽，体有蓝黑色条纹，而鲅鱼身形窄长，比鲭鱼更大，最大的可以长到 1.5 米。

鲅鱼虽然个头大，但是肉质细腻、味道鲜肥可口，价格还挺实惠。从超市买回来洗净后即可烹制。

鲅鱼最适合红烧！处理鲅鱼的方式很简单，去除头部、洗净，用刀从背部划开，分开骨头和肉，然后将鱼刺一一挑出。

红烧，用了日式的方式料理鲅鱼，酱油汤主要由豉油鸡汁、海鲜酱油混合，然后放入料酒去腥，用糖稀释咸度，增加了鲜甜的口感。

由于不太会挑鱼刺，所以无刺的鱼肉吃着真是尽兴。来碗煮得绵软香糯的白米饭，倒入一些鱼的酱汤一起开动，保准让你吃得身心舒畅，欲罢不能。

红烧鲅鱼还适合留一点儿盖在米饭上，作为第二天上班的便当。

中午要是能吃上一顿红烧鲅鱼饭，下午的工作也是可爱的。

1 准备好食材：鲅鱼、大葱、生姜、柠檬、酱油汤。

2 鲅鱼去掉鱼头，从鱼背切开分片。

3 将切好的鱼片中的鱼刺挑出。

4 酱油汤：3 勺豉油鸡汁、2 勺海鲜酱油、1 勺料酒、1 勺白糖，放入生姜、大葱。

5 鱼入锅熬煮，收汁后盛出。食用时可少量洒柠檬汁去腥。

1

2

3

4

5

平常心，排骨粥

熬出一碗香浓的排骨粥，讲究的是细火慢熬，火过了便容易焦了。需要的是平常的耐心对待。

白米，要事先用水泡过，泡过的白米入水容易熟烂。

排骨先过水烫过，去除腥味，与白米一起慢慢地细熬。整个过程需要慢慢观察，盖锅了容易溢出，不盖不容易熟，十分考验耐心。

用小火焖，多观察。开锅时防止汤水溢出，时不时地需要翻搅下。

慢慢熬煮 1 个小时才可吃到黏稠香醇的排骨粥，一定要撒入白胡椒粉还有麻油提香!

煮粥或者烹饪其他的食材，很多时候都需要观察火候。这时候，做饭是件体力活，更是调节自己心态的活，和看本书、品壶茶一般，没有斟酌和盘算，没有处心积虑的安排，只专注于眼下，做好这件小事。凡事用心，都可以成果圆满!

1 准备好食材：大米、排骨、香叶、香菇、白胡椒粉、芥蓝、香菜、盐巴、料酒、香麻油、蚝油。

2 先泡米和香菇，大约半个小时。

3 排骨入锅烫，放入料酒、香叶、盐巴，去除腥味。

4 开始熬粥，大火煮开，倒入排骨、香菇、香叶慢慢熬煮。

5 慢火熬制 1 个小时，至黏稠为止。

6 撒些香麻油、白胡椒粉与香菜提鲜。

失眠与花雕鸡

在一个没有月亮的夜晚，她在安静地炖煮一道菜。

将花雕酒淋在鸡上，盖锅焖煮，然后等待。

她最近睡得不是很好，要么睡不着，要么做噩梦。有时候在梦中惊醒，就再难以睡着，干脆起身，坐在床边的地上，手心里全是汗。

她来咨询我解决的办法，我说："你喝点儿酒试试。"

她有点儿惊慌，一个从小家教很严的女孩子，居然从来没有喝过酒……

"那么，你就用酒做道菜吃掉！"我说，"比如，古越龙山的花雕鸡。"

在烹煮花雕鸡的时候，等待不再是一件心焦的事。你只需闻着那淡淡的酒香，看着时间，看着褐色的酒液，一点点，咕嘟嘟煮进鸡肉。花雕度数低，香味绵纯，没有刺激，不会让人大悲大喜，美好，又不会让人沉迷。

酒精有时是个好东西，它散发芳香，能让冷的人暖和过来，让迷路的人重新回到轨道。我也曾经长时间地失眠，黑白颠倒，生不如死。后来我选择了睡前喝一点儿，就一点儿。在那半迷半醉之中，跌进梦乡。一瓶酒之后，终于调节回来了，白天重新变成白天，黑夜就是黑夜。

我那个朋友说，花雕酒煮鸡，最终并没有治好她的失眠。只是，那个味道，真的令她难忘。

这也不错，不是吗？你的尝试，总是有回报的。

1 准备好食材：切断的鸡腿肉、花雕酒、大葱、生姜、辣椒、蒜头、蚝油。

2 先将配菜依次处理，生姜、大葱切丝，蒜头剥皮。

3 生姜、葱入锅炒出香气，鸡腿肉入锅翻炒，加入蚝油。

4 倒入花雕酒，盖过鸡腿肉，放入蒜头、辣椒盖锅焖煮，煮至汤汁收缩浓稠即可。

P.S.:

蚝油偏咸，古越龙山的花雕酒最好不过，制作的过程不需要放入盐巴和味精。还有，多煮些米饭，很下饭！

1

2

3

4

远方的酸笋面

问起远方的好友："你很喜欢的一道菜是什么？"

她说："酸笋面。"

然后她告诉我："每次都好吃到想哭。"

过去，家乡有一条深夜才会营业的消夜街，都是物美价廉的小吃，有花生汤、油条、稀饭、砂锅；而印象深刻的就是这碗酸笋面，常常会在加班到深夜的时候，三五好友相拥过去坐在路边的小桌子上，吃碗热的酸笋面才舍得回家。回到家里，脱衣服睡觉的时候，都还能闻到一点点淡淡的酸笋味道……

行走过一些城市，留恋大街小巷的路边小吃，食材用料简单质朴，卫生并没有那样的干净，却依旧喜欢。

在每座喧哗城市里的路边摊上，一碗热粥，一碗面，一碗饺子，一边吃，一边打量老板或者老板娘。看他们的面容，

猜测他们的故事，看他们用自己的方式经营着生活。

南方人都爱吃酸笋。每个地方的酸笋都有些不一样，例如闽南的酸笋以酸为主，酸甜可口，留香回味；广西的酸笋则加入辣椒，口味又酸又辣，回味无穷；云南的酸笋带着一点点臭味，不是每个人都接受得了；贵州的酸笋辣到你眼泪奔涌！

自己在家做酸笋面，只要能买到，哪里的酸笋都是好的。有了酸笋，配料可以自由发挥，虾、鱿鱼、鱼丸、鸡胗、瘦肉……清水加入酸笋作为底汤已经决定了这酸笋面味道的基调，各种配料就是锦上添花。面煮熟起锅后，再放些酸笋，撒入一些油葱酥，一碗具有家乡情结的晚餐便搞定了。在异乡的孩子，真的会吃到想哭！

1 准备好食材：拉面、酸笋、鸡胗、鱿鱼、鱼丸、青菜。

2 鸡胗顺向划开。

3 横向划开成花。

4 鱿鱼、鸡胗过水煮熟。

5 酸笋入锅，依次放入鱼丸、拉面、鱿鱼、鸡胗、青菜煮熟。

6 起锅装碗。

1

2

3

4

5

6

减肥时，好吃的鸡蛋西蓝花沙拉

减肥，是件只要合理安排并持之以恒，就能成功的事情。

给自己制订一个运动计划，不管是每天快走步行回家，还是去健身房做有氧运动，都需要配合适当的饮食，坚持就会有成效。

减肥时，搭配几道健康又好吃的食物，可以帮助自己更好地坚持。

晚上一个鸡蛋，一小份的西蓝花，几片西红柿，一点儿沙拉酱。这样的分量，营养足够，比单纯吃个鸡蛋或者苹果来得容易让人接受，并且不单调。

如果不想天天吃鸡蛋西蓝花沙拉，后面还有两款沙拉可供选择，加油！

建议：沙拉酱不放不好吃，可以少放点儿。

1 准备好食材：西蓝花、鸡蛋、沙拉酱、芝士粉。

2 鸡蛋冷水煮 9 分 50 秒，放入冷水冷却，剥壳。

3 西蓝花过水焯熟，与鸡蛋摆盘，倒入沙拉酱，撒些芝士粉。

减肥时，好看又好吃的鸡蛋芦笋沙拉

芦笋，低糖、低脂肪，味道鲜美，吃起来清爽可口，经常吃芦笋还能对抗疲劳和水肿，是最好的减肥菜。一盘新鲜的芦笋，再配上一颗溏心蛋，既可以满足视觉享受，又可以增加胃的饱足感，这真是一份美好的减肥晚餐。

如何做好一颗溏心蛋？对于时间的把握尤为关键，水要盖过鸡蛋冷水入锅，煮 9 分 50 秒；如果想让蛋黄再凝固些，可以多煮 10 秒至 10 分钟，捞起泡入冷水中，让鸡蛋冷却后，在水里剥壳，这样不易弄坏蛋的表面。可以一次性多煮几个放入冰箱储备。

1

2

3

1 准备好食材：芦笋、鸡蛋、沙拉酱、芝士粉。

2 鸡蛋冷水煮 9 分 50 秒，放入冷水冷却，剥壳。

3 芦笋过水焯熟，与鸡蛋摆盘，倒入沙拉酱，撒些芝士粉。

减肥时，不浪费的什锦沙拉

这道菜的出现，其实是有些偷懒的因素，将之前家里剩下的蔬菜都拼在了一起。

每个星期，我都打扫一次冰箱。买的菜太多了，无法保存太久，索性就来个大杂烩，把芦笋、生菜、西红柿都混合在一起了。这样一道新的减肥沙拉就完成了。

做这道菜意义重大，既可以让你吃到更多营养，又能让你的冰箱长期保持新鲜状态，还能让你的心情变好，因为每隔一段时间就提着好多冰箱里搜刮出来的变质食物去倒掉的感觉，真是糟糕透了！

如果觉得吃沙拉酱还是会发胖，可以用柠檬汁，或者沙拉醋替代。

1 准备好食材：鸡蛋、生菜、甘蓝、芦笋、西红柿、沙拉酱、盐巴、芝士粉。

2 鸡蛋放入冷水煮，煮 9 分 50 秒。

3 放入冷水冷却。

4 将生菜撒些盐巴，放入沙拉酱。

5 将鸡蛋在水里剥壳，和西红柿一起切开装盘，撒些芝士粉。

1

2

3

4

5

减肥时，让你不饿的坚果沙拉

之前的减肥餐，肯定会吃烦。接着换种口味吧！用坚果。

坚果样子可爱，营养丰富，既能遏制食欲，还能增强体质，提高幸福感。

但是，它不可以多吃，因为热量很高。每天吃一把左右就 OK！

用坚果做沙拉，是为了增加减肥餐的乐趣。在绿色蔬菜里翻找饱满的果子，会很有收获感！挑一颗放进嘴里，咔嚓一下咬破，带着点儿油脂的果实的香气立刻溢满嘴巴，那种奇妙的感觉，令人周身愉快！

坚果沙拉可以用柠檬汁（或者苹果醋）代替沙拉酱，有助于更好地平衡热量与营养！

1 准备好食材：坚果、西红柿、苦菊、生菜、柠檬、盐巴、芝士粉。

2 生菜、苦菊用盐巴搅拌去除苦水，沥干。

3 西红柿切块。

4 挤入柠檬汁。

5 蔬菜装盘，铺上西红柿、坚果，撒入盐巴、芝士粉。

1

2

3

4

5

鼓励沙拉

如果你已经坚持了许多天，体重开始减轻，那么恭喜你，你做到了！那么，我们吃点儿肉吧！鼓励下自己。

可以大口地吃牛排或者炸鸡块了吗？当然不是啦。吃点儿鸡肉就好，别前功尽弃。

把鸡胸肉放入清水中煮熟，可以加一点点的盐巴，煮熟后撕成丝状与生菜放在一起，还可加入一些酸黄瓜增加口感。

既然是鼓励沙拉，就要多放些调料，挤一些柠檬汁、一小勺沙拉酱，再撒一点点芝士粉，还有黑胡椒粉，这样丰富无比的鼓励沙拉就 OK 了。吃饱之后，让我们再接再厉吧！既然选择了减肥，就请保持好心态好好坚持下去，切勿半途而废。突然的挨饿，突然的暴饮暴食是更容易发胖的，甚至会胖得更加厉害。不要放松，坚定地向着目标前进。

走开吧，脂肪！

1

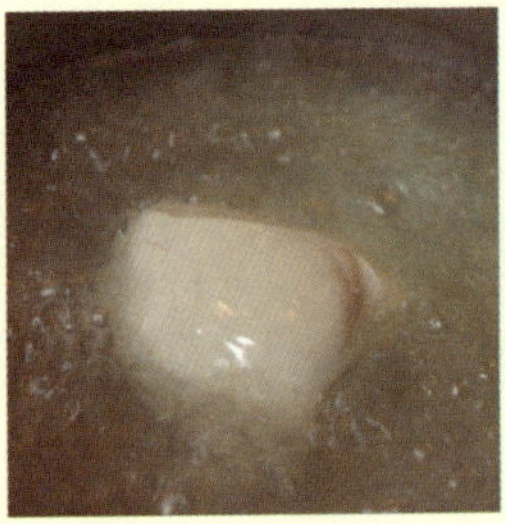

2

3

4

1 准备好食材：生鸡胸肉、生菜、鸡蛋、酸黄瓜、西红柿、柠檬片、沙拉酱、黑胡椒粉、芝士粉。

2 鸡胸肉入水煮熟。

3 酸黄瓜切片。

4 西红柿对半切开。

5

6

7

8

5 平铺生菜。

6 将鸡肉撕成丝，铺在生菜上。

7 放入鸡蛋、酸黄瓜、西红柿。

8 放入沙拉酱，撒上黑胡椒粉 、芝士粉，挤一点柠檬汁。

芦笋

内心总难抗拒
它的嫩、绿、脆。

“溶溶晴港漾春晖，芦笋生时柳絮飞”，这是苏东坡诗词里的芦笋，但它和我们今天吃到的芦笋不是一个东西。因为苏东坡笔下的芦笋是芦苇的嫩芽，而我们常吃到的芦笋，是从希腊传到中国来的食物，有人又叫它：欧洲竹笋。

芦笋看上去青翠欲滴，口感脆嫩。将笋茎坚硬的地方削掉后，用热水焯熟，清炒出锅，新鲜好吃。

用它拌沙拉，也清香鲜嫩，口感独特。

因为它低热量、含高膳食纤维和高维生素，一直受注重健康的人喜爱。

选芦笋，色泽越浓绿的越好，还要看穗尖，越紧密越好。如果芦笋的花苞上有细小的花，说明它已经不新鲜了。

吃芦笋一定要吃新鲜的，放久了，口感会变得粗糙。市面上有芦笋罐头卖，但是我宁可不吃，也不愿意吃罐头装的芦笋。

切芦笋时也有讲究，最好每根芦笋的长短相当，这样不管是烫还是炒，它们熟的程度才能一致。

在焯烫芦笋时，如果在水里放一点点盐，能让芦笋保持嫩绿的颜色，看起来更好看。焯的时间不要太长，熟了就赶紧捞起来，然后用凉水泡一泡，这样才脆。

小孩子都不爱吃蔬菜，但是聪明的妈妈用培根包裹芦笋，煎出来，笋吸了油，香喷喷的，样子也好看，小孩就爱吃了。

在北方，普通的菜市场不是经常能看见芦笋的，所以只要一发现有，不管多贵，我必定要买。因为内心总难抗拒它的绿、嫩和脆。

美好的相遇，培根与芦笋

真正美好的生活，应该是平静的、简单的。

每一天，我们都花一点儿时间，放下内心的重担，把自己彻底交给一些简单美好的事物。一米阳光，一杯清茶，一碟食物……

人生，总是在不断地相遇，遇见好事，遇见烦恼。因为世界上没有净土存在，所以，我们必须学会接受和调整。不管遇见什么，那都是“活着的真实感受”。我们可以调整自己，远离那些会带来烦恼的东西，多接触带来美好感受的东西。

芦笋是一种美好的食物，样子好看，营养丰富，是百搭的食物，和培根一样。这道培根芦笋操作起来比较简单，只要把芦笋过水烫过卷入培根中，用沙拉酱作为“胶水”，把培根卷用牙签固定，入锅煎就可以了。通常买一把芦笋，做完这道菜会剩下几根，怎么办？凉拌。把芦笋根切丁入水烫过，与白水蛋混在一起，做个芦笋鸡蛋沙拉，又是一顿美餐。

1 准备好食材：培根、芦笋、鸡蛋、沙拉酱。

2 芦笋去根，入水煮熟。

3 将芦笋根切丁，入水煮熟。

4 芦笋放入培根，慢慢卷起。

5 用沙拉酱黏合连接处，用牙签固定。

6 入锅小火慢慢煎熟。

7 芦笋根与鸡蛋拌成沙拉。

1

2

3

4

5

6

7

回忆里的鸡肉拌饭

C 叔叔不是亲戚。他是 H 阿姨的丈夫，H 阿姨是我妈妈 40 多年的好朋友。

当我听说他病重之时，心猛地一沉，当天所有的生活计划我全都忘记，只是呆呆地坐在沙发上，好久之后，开始流泪。

小时候，家里穷，嘴还馋，最馋吃肉。我们很喜欢去 C 叔叔家，因为每次去，C 叔叔都会翻箱倒柜，找出家里所有好吃的东西给我们姐弟几个吃。如果实在没有零食，他就会想一想，到厨房，拉开碗柜，端出两盘剩菜，放在炉子上热了，再端来给我们吃。

我最难忘他做的鸡肉拌饭，其实就是一堆剩菜拌在饭里。但是，剩菜里有很多的油，带着各种菜肴的滋味，拌在一起，对当时的我们来说，真是人间美味！

我在外地上中学时，C 叔叔如果正好在城里开会，就会用单位的车子来学校接我，把我捎回县里。从城里回乡，要 9 个小时，我们经常在车开到山顶的时候，在云海深处停下来，捡一

些柴火烤鸡。高山很冷，C 叔叔会给大家讲一些他年轻时候的笑话，把大家笑得肚子痛。

C 叔叔这辈子最爱喝酒，可因为身体原因，一直被 H 阿姨管制着，他们在喝酒这件事上，就像警察抓小偷。只要叔叔一出门，阿姨会悄悄尾随他来到路边的小卖部，待小贩把打好的一小盅包谷酒放在馋涎欲滴的 C 叔叔面前的时候，她突然从他身后伸手出去，端过那盅酒，一口把它喝了！

他在知道自己已经癌症晚期了以后，有一天早上起床，对阿姨说："走！我们两个去殡仪馆看看价位……"阿姨说："去什么去！这个事情你就别操心了。我们先去把遗像照了……"

几周后，高高的烟囱升起一袅青烟。我非常确定，C 叔叔是去了天上。天空多好啊，那么宽广，那么干净，又是那么让人觉得安慰的蓝色。

在这个下午，当我想做点儿什么吃的时候，我想到了鸡肉拌饭，本不该流泪的，但我没有做到，因为突然想起了 C 叔叔。

1 准备好食材：鸡肉、酸甜黄瓜、鸡蛋、腌姜片、香菇、淀粉、酱汁。

2 鸡蛋打散，摊平下锅，起锅切丝。

3 鸡肉煮熟撕成丝，香菇焯水煮熟。

4 酱汁：半碗水、2勺豉油鸡汁、1勺海鲜酱油、1勺白糖、1勺料酒、半勺黑醋，加入淀粉勾芡。

5 将处理过的食材平铺于米饭上，倒入酱汁便可。

1

2

3

4

5

一定要加油葱酥的卤肉饭

我在一家台式茶餐厅吃饭，吧台来了个穿“阿迪王”的男孩子，一到跟前就打开山寨手机的功放，问：“你想吃点儿啥？”手机里传来一个娇气的女声：“我要吃卤肉饭……”

男孩说：“好！还有呢？”

“再带一个红豆冰沙……嗯……还要冰红茶……”

男孩说：“好！那你等着我啊……”

正要挂电话，手机里的声音再亟亟传来：“喂喂喂！让他们给多放点油葱酥啊……”

男孩干脆利落地说：“知道啦！”

男孩靠在吧台，身体随着功放手机里传来的音乐摇摆，身上洋溢着青春和快乐，过了几分钟，提着饭，骑着破自行车一阵风似的走了。

虽然不是给自己买吃的，但是他仍然无比地喜悦。

我也正在吃一碗卤肉饭。

肥瘦相当的五花肉丁，融在浓郁的卤汁里，铺上米饭。配着一颗卤蛋和一杯冰红茶来吃，是一件享受的事。

有时候吃到什么好东西，就琢磨着自己在家做一做。

我认真地吃着卤肉饭，在脑子里列出材料和配料、作料的名单，以及思考制作的过程。

油葱酥，上哪里去弄油葱酥?

我琢磨着。

过了几天，我去购买材料，开始尝试。

首先，要焖出一锅粒粒分明、黏软香糯的好米饭。这个不难。

然后，再用心对待卤汁和五花肉。

凡事只要用了心，就差不到哪里去。

虽然和餐馆里的有差距，但仍很好吃。

五花肉一定要选带皮的。

煮卤肉一定要用小火，熬得久一些的卤肉，口感才会更加软糯香醇。

还一定要有油葱酥。不管自己做得怎么样，只要撒了这样东西，卤肉饭马上就像模像样地正宗起来！它可是提鲜的必备食材呀！

可是油葱酥怎么做呀！

别担心，网上有整包的做好的油葱酥出售，买一包回来，可以吃好久，还可以用来做油葱酥拌面哦！

1

2

1 准备好食材：五花肉、油葱酥、大葱、生姜、八角、香叶、香菇、鸡蛋、料酒、豉油鸡汁、酱油、冰糖。

2 五花肉焯水煮，放入料酒去腥。

3 将五花肉切丁。

4 大葱切片，生姜切丁。

5 将大葱、生姜、油葱酥入锅爆香。

6 倒入五花肉翻炒，倒入豉油鸡汁、酱油翻炒上色。

7 加入冰糖慢慢翻炒熔化。

8 加水放入八角、香叶、香菇。

9 加入整个的鸡蛋一起焖煮（卤蛋更入味），汤汁熬成黏稠状后再加一次油葱酥。

3

4

5

6

7

8

9

妈妈的酱瓜瘦肉丸

小时候生病了，不想吃东西的时候，妈妈总是会将瘦肉剁成泥，再加入酱瓜做成瘦肉丸，倒入些肉汤，配着稀饭吃。小孩喜欢吃软糯的东西，配上酱瓜，咸咸的，很好吃。温柔的东西吃下去，病会好得更快。

做丸子，是一件麻烦的事。妈妈是世界上最不怕麻烦的人！

长大后，但凡想吃稀饭的时候，就会想起这个瘦肉丸。

选购新鲜的瘦肉，回家后用刀切丁后，用刀背用力拍打成泥。酱瓜切丁与肉泥混在一起。搅拌肉泥时，要加入麻油和白胡椒粉，增加丸子的香味，然后捏成一个个的丸子煮熟就成了。酱油汤里可以加入自己喜欢的小配菜，例如豆腐、面筋，或者香菇都可以，但是量不要太大，毕竟酱瓜瘦肉丸才是主角。

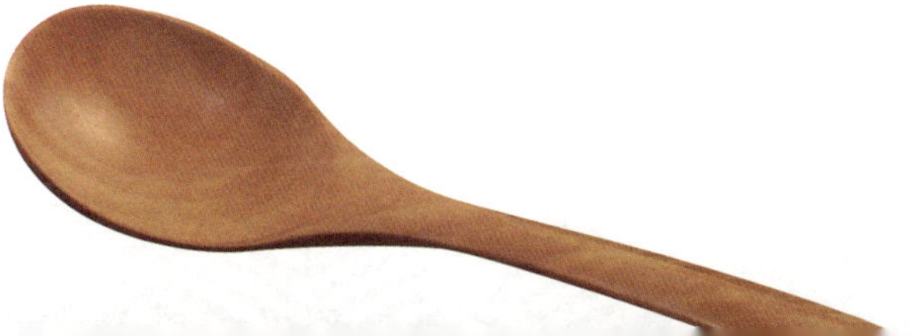

1 准备好食材：瘦肉、酱瓜、香菇、面筋、豉油鸡汁、酱油、麻油、白胡椒粉。

2 瘦肉切丁。

3 用刀背大力拍打成泥。

4 酱瓜切丁。

5 拍好的瘦肉泥，放入麻油、白胡椒粉、酱瓜用力搅拌。

6 汤底加入豉油鸡汁、酱油、香菇。

7 面筋撕成丝状，入锅煮。

8 搅拌好的肉馅捏成球状。

9 将肉馅一边捏好，一边放入锅中煮熟。

1

2

3

4

5

6

7

8

9

麻辣香锅的精髓是『分享』

麻辣香锅，各种混搭的食物，谁都能吃到自己喜欢的。

如果在家里请客，做一锅麻辣生香的香锅是既省时省力，又皆大欢喜的选择。

现在我们都太忙了，忙得忘记了朋友的生日，忙得说好跟他们一起去看的那场电影已经下线……约定好的一起旅行也总是一拖再拖。

我们心里知道，真正的朋友是不会因为你的冷淡、忙碌而离开你的，在任何你需要的时候，他会在午夜接你的电话，也会在你一声召唤之后，马上来到你的身边。不管距离有多远，不管分开多长时间。

真正的好朋友，是当他知道你过得不好，会难过的人。

心里总是有牵挂，遇到高兴的事，总想告诉他。

真正的朋友，就那么几个，要珍惜，不要总是生活在手机话筒和电脑屏幕里，要时常聚聚。

每隔一段时间，我就会请各路新朋老友来家里吃饭。我的朋友食性都很大，基本没有这也不吃、那也不吃的人，所以，做一个麻辣香锅最合适了。它内容丰富，有滋有味，我也可以一锅上菜就不用再忙。

麻辣香味飘浮起来，屋子里温暖如春，大家把酒言欢，有了香锅的搭配，更是豪气冲天，一瓶酒很快就下去了。和朋友喝酒，是人生一大乐事！这样的时刻不可多得，还是那句话：要珍惜！

1

2

3

4

5

1 根据个人喜好准备好食材：麻辣香锅底料、郫县豆瓣酱、瘦肉、鱿鱼、鲜香菇、青菜、金针菇、午餐肉、干辣椒、花椒。

2 将鱿鱼、菌类、青菜焯水煮熟。

3 翻炒各种食材。

4 冷锅冷油，放入花椒、干辣椒，炒一下。

5 放入处理好的食材，倒入香锅底料、豆瓣酱一起翻炒便可。

P.S.:

1. 酱料的制作有些偷工减料，是用现成的麻辣香锅底料，然后加入郫县豆瓣酱混合调制。

2. 配菜过水后一定要沥干，水水的入锅翻炒很影响口感。

3. 肉类的制作，先腌制后入锅翻炒。

4. 麻辣的程度，要根据自己的喜好加入。冷油慢慢炒香干辣椒与花椒，然后倒入香锅底料和郫县豆瓣酱（豆瓣酱很咸，一勺就够了，还能增加色泽），接着与各种配料一起翻炒。菜都是事先处理过的，炒到都上色便可，最后还可以撒入花生粒、香菜、芝麻。

『不太讲究』的亲子盖饭

我原来以为，亲子盖饭，是妈妈做给孩子上学的便当呢！

后来才知道，“亲”“子”原来是因为原料分别是鸡肉和鸡蛋。哈哈，有意思！

亲子盖饭是常见的日本家庭料理，就是把鸡肉和洋葱用汤汁煮熟以后，打入鸡蛋再盖在饭上。过程十分简单，再不会做饭的家庭主妇也会做，所以它的特点是：不太讲究！

奇妙的是，就是这个“不太讲究”，才是亲子盖饭的讲究之处。因为不管怎么做，都不会出错，不管怎么做，都不会难吃。

带皮的鸡腿肉，有油脂，所以口感上饱满滑嫩。

打鸡蛋时，不需要打至均匀，大致搅拌便可，这样料理出来的鸡蛋蛋白与蛋黄容易区别开来，口感香滑。

我自己做这道菜，喜欢把鸡蛋分开两次煮。一次与鸡肉一起下锅煮熟，第二次等凝固后再倒入剩下的鸡蛋液，不需要熟透，带些生的，这样十分香滑嫩软。最后撒入香菜，清香四溢！

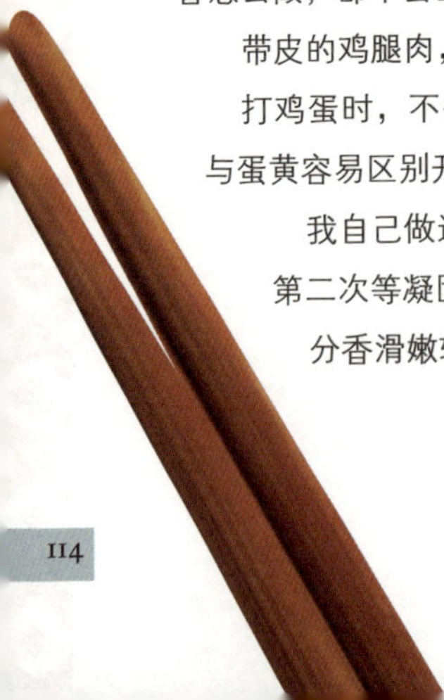

1 准备好食材：去骨鸡腿肉、鸡蛋、洋葱、香菜、酱汁。

2 将鸡腿肉洗净，切块。

3 酱汁：2 勺豉油鸡汁、半勺盐巴、1 勺料酒、1 勺白糖、半碗水，放入洋葱。

4 放入鸡腿。

5 倒入一半的鸡蛋，盖锅煮熟。

6 剩下的鸡蛋倒入，再盖锅煮，不需要熟透便可起锅。

1

2

3

4

5

6

节日里温暖的奶油炖菜

说来也巧，做这道菜的时候刚好是平安夜，从商场门口的圣诞老人手里拿了糖果，顶着漫天的飘雪慢慢回家。生活在南方的孩子很少见到雪，心里总觉得浪漫。

走在节日气氛浓郁的街上，想：我要赶快回家，给自己做一道奶油炖菜！

真是应景。

我要好好过个节！

奶油炖菜，顾名思义是用奶油炖煮的菜，所以奶油的制作上需要注意些。隔火熔化黄油，放入面粉搅拌，不要搅拌得太久，否则会凝固成面团。倒入牛奶慢慢熬成白色黏稠的奶油酱（和之前的海鲜意大利面制作的白浆是一样的做法）。将准备好的食物倒入锅内，用小火慢慢地焖煮，最后起锅时放入煮熟的菠菜，有绿色的食物看起来格外诱人。

在寒冷下雪的冬天，给自己泡杯暖暖的美禄，吃着热腾腾的奶油炖菜，听听美好的音乐，这样的节日，它们能带来微小的幸福。

外面所有的人都成双成对，我也不孤单。

1

2

1 准备好食材：去骨鸡腿肉、白菜、土豆、洋葱、蘑菇、菠菜、胡萝卜、香叶、牛奶、黄油、面粉。

2 将蘑菇、胡萝卜、土豆切块，菠菜烫熟切段。

3 鸡腿肉切块，入锅煎炒。

4 将洋葱、土豆、蘑菇、胡萝卜入锅翻炒。

5 加水，放入香叶、鸡腿肉煮。

6 白菜切段。

7 放入正在翻滚的锅里。

8 隔火熔化黄油。

9 加入面粉翻炒。

10 放入牛奶搅拌煮成白浆。

11 倒入正在熬煮的蔬菜锅中。

12 将处理好的菠菜入锅即可。

3

4

5

6

7

8

9

10

11

12

豆腐

美味，有时不仅仅是美味，还是分享，是人情。

豆腐的发明，是一个美丽的误会。一个炼丹人，无意中将石膏点入了豆浆中，于是，这种柔软滑嫩、充满弹性的食物诞生了。

几千年过去了，尽管有了各种机器设备，但在中国各地，仍有人在用最古老的方式做豆腐。

2009 年，我母亲来到北京和我们住。有一天，她说想去河北丰宁看看她的网友。

网友王叔叔，是一名矿山上的守矿人。每个夜晚，在冷清的矿山上，他唯一的娱乐就是拿着手机上 QQ。通过手机，他认识了全国各地的朋友，轮休的日子，他就背上一个背包，坐上火车，去网友所在的城市走一走、看一看。

当他跋涉千里走到我们那个小县城的时候，我母亲和父亲先是很意外，但是看着眼前这个敦实憨厚的中年男人，他身上的自由气息使人放下了一切戒备，父母热情接待了他。

临走时，他邀请我父母去河北玩。然后继续上路，去了贵州。

我不太放心母亲一个人去见网友，就和妹妹陪着她，一起坐了 5 个小时的汽车，到了丰宁县城。

满面风霜、堆满笑意的王叔叔到车站来接我们。然后再租车，到了一个山脚下的村庄。

初春时节，村子还很荒凉，但是王叔叔家的菜园里，小葱已经冒出了头。

他们家，三间房，厕所是石头砌成的，一米八以上的人站起来，会挡不住屁股。

母亲拿出了从家乡带来的土特产，王婶儿笑呵呵地接住。

王叔叔的媳妇是个朴实的农村妇女，40岁了，住在河北，却从来没有去过北京。家里来了客人，她二话不说就开始忙活。

我们坐在炕上，看王叔叔把手机连接到电视上，放他去全国各地见朋友的见闻照片。

外面有推磨的声音。

过了一会儿，一股香浓的豆香飘进屋来。

我跑出去看，王婶儿正在烧一大锅豆浆。我从来没见过那么浓的豆浆，似乎快要搅不动，大柴锅烟雾袅袅，灶台里的柴噼里啪啦地燃烧着。

豆浆烧开了，王婶儿先给我们一人来上一碗。

我们双手捧碗，喝下那碗浓厚香滑的豆浆，马上全身发热，胃里舒服得不得了。

王婶儿将烧开的豆浆倒入大盆，点入卤水，等待豆浆凝固成豆花。然后将豆花压制，豆花就成了充满弹性、口感纯正的豆腐。

王婶儿说："我们这里没啥好东西招待你们，就给你们磨点儿豆腐。城里人吃的都是机器打的，没有石磨磨出来的好吃。"

那天的豆腐宴有豆腐丸子、沾水豆腐、炖豆腐、韭菜炒豆腐。咸鲜辣甜，什么口味都有了……王婶儿从菜园里掐了几根水嫩的葱，切细了放进炖豆腐里，香气扑鼻。

一块豆腐的好坏，不但取决于豆子和水，更重要的是，有一个人愿意花上几个小时，为你烧柴、准备、制作。

美味，有时不仅仅是美味，还是分享，是人情。

那天灶台里跳动的火焰，以及热气腾腾，又拌又炒的声响，几个人围在桌边的热闹，和食物的味道一起，深刻地印在了我的大脑里。

我问王婶儿："王叔叔时不时就坐火车出去耍，你放心吗？"

王婶儿一笑说："有啥不放心的，他喜欢耍，就让他耍去呗！人活了半辈子了，还不想干点儿啥就干点儿啥？再说，看着他拍回来那些照片，我也高兴！"

父亲的白菜豆腐汤

小时候常听父亲说北方蔬菜好吃，尤其是冻过霜的大白菜，如果拿来煮豆腐汤或者包饺子，格外清甜可口。

来了北方后真的发现，冬天，百姓家的屋外都会冻着大白菜，个头不小，一个个地带着绿黄叶子躺在门口。有的高档小区，出门就是电梯，但门口仍然放着一堆白菜，我猜这家里一定住着一位老人。传统，有时候就是“年年如此”，它不会随着环境的变化而改变，是很难放弃的。

洗干净的大白菜，切好的豆腐块，在清水中加入几颗干海鲜来提取鲜味，再撒入一些盐巴，就能煮出一碗没有油腻、鲜美的白菜豆腐汤。

豆腐和白菜，煮出来的都是实实在在的滋味。

清淡的，有时就是丰富的。

在繁忙奔劳的生活中，静静地坐着喝一碗清淡的白菜豆腐汤，总会想起那些父辈说过的话，那些吃最平淡的菜的时候，听来的最简单的生活家常。

1

2

3

4

1 准备好食材：白菜、豆腐、干虾仁、生姜、盐巴、鸡精。

2 将白菜洗净，放入锅里煮。

3 生姜切成细丁，与干虾仁一起放入锅里。

4 煮至水沸，然后放入切块的豆腐，一起慢慢炖煮。小火慢炖后，放入盐巴与鸡精即可出锅。

春天里的泰式咖喱鸡

他接到我，我们在昏昏的夕阳下奔向保利剧院。

我取下墨镜，好看清楚身边这个人。

两年了，他似乎没一点儿变化。

他是我前男友。

分手以后仍然是朋友，只是联系少了许多。

我们去看弗拉门戈舞剧，《南方之行》。描述一个女人启程，去另一个未知地方……

停好车，路过后台的门，几个皮肤黝黑、头发卷卷的西班牙男人在那儿悠闲地抽烟。

“他们就是 Dancer 吧？我们和他们合个影啊！”我高兴地建议。

“这个……”他明显紧张和腼腆起来，和过去一样。

30 分钟后，那几个西班牙人提着手提皮箱，身穿老式西装出现在了舞台上，目光烫人。

欧约斯（Hoyos），西班牙玫瑰、年过六旬的弗拉门戈舞后，身着象牙色皇家礼服，搭一条缀满花边的披巾，一朵白色的花朵装饰着黑色秀发。她嘶哑的声音充满了舞台，背诵西班牙诗人路易斯·塞尔努达（Luis Cernuda）的诗句：

我记忆中的悲伤城市
有冰冷的夜；
被火车点亮的窗户
……
火车离开。

《南方之行》，演给我们远行、爱情和回忆。

一切的悲伤与苦痛都像火焰一样。

年过60岁的舞者，没有年轻女人们那夸张的妖娆，她的体力也明显不如她们那般刚劲激烈。但她是那么从容，那么柔和，却爆发出不同寻常的力量，似乎把一切看透，了然于胸…… 看着她，我恨不得自己马上老去……

明朗的黄、沉寂的黑和热烈的红，这三个场景，表达出人生三种最重要的情感：欢乐、悲伤、激情。

他侧头看我，我没看他。但我知道他此刻和我一样，被大段的群舞灼烧，心潮起伏。我们曾经经历的故事，也曾那么快乐，那么不含蓄，那么伤心，又那么绝情。

演出结束后，我们去外面的画廊逛了逛。

我已饿得前胸贴后背了。

他提出请我吃饭，我说："我已经做好吃的放冰箱里了。"

他送我回家。

车跑得很快，他问："做了什么好吃的？"

"咖喱鸡。绿色的咖喱，放了椰浆和柠檬，还有胡萝卜和洋葱，营养很好。一次多煮点儿，可以吃两天。"

"你学会了照顾自己。"

"嗯。"

下车的时候，他问我："不请我去吃一点儿吗？"

我说："很抱歉，只做了自己的。"

"好吧，多保重！"

"好，再见。"

然后我下了他的车，冲进了北京那年的第一场暴雨中。

1 准备好食材：去骨鸡腿肉、咖喱酱、洋葱、土豆、胡萝卜、柠檬、牛奶。

2 土豆切块放入冷水中。

3 切好胡萝卜、洋葱。

4 先炒咖喱酱，然后放入鸡腿翻炒。

5 倒入牛奶，盖过食材。

6 依次放入洋葱、土豆、胡萝卜，慢慢焖煮。

7 煮至浓稠，挤入柠檬汁，装盘盛饭。

P.S.:

做咖喱是需要慢炖的细活。咖喱酱一定要先炒出香味，再放入鸡肉一起翻炒。如果没有椰浆，可以放入一点儿牛奶。土豆、洋葱、胡萝卜是为了增加咖喱的营养，煮得熟烂时，将全部的蔬菜捣碎了，与咖喱混合在一起，更加浓稠，这样吃起来口感会更为浓香。

1

2

3

4

5

6

7

大人小孩都喜欢的嫩滑裹虾

在一次有许多小朋友参加的聚会中，发现大多数菜都是以辣为主的，太难为小朋友了。虽然我喜欢看小孩子被辣得龇牙咧嘴的可爱相，但还是起身，去看看冰箱里有什么。

我看见许多的蛋，还有一些剩下的虾仁，于是，我决定用这两种现成的食材给小朋友们做一份嫩滑的虾仁炒蛋。

打鸡蛋，放料酒去腥，加入麻油还有白胡椒粉与盐巴，然后大致搅拌蛋黄与蛋清，这样煎出来的蛋颜色分明、好看。

虾仁切丁，入锅炒熟，起锅等待。

鸡蛋中火时入锅，待边缘开始凝固时，便倒入虾仁让其裹入蛋液中。鸡蛋略带生嫩就出锅，撒入白胡椒粉与青葱，颜色鲜艳，香气扑鼻，小朋友们会特别喜欢！

一上桌，嫩滑裹虾很快被小朋友们吃光，大人们也来抢些边角料，吃了赞不绝口！

后来我一个人在家时，也会偶尔做一盘裹虾给自己吃，没人和我抢，吃起来更痛快！

1

2

3

4

1 准备好食材：虾仁、鸡蛋、小葱、白胡椒粉、盐巴。

2 将葱切细。

3 鸡蛋放入料酒、白胡椒粉、盐巴搅拌。

4 先炒虾仁。

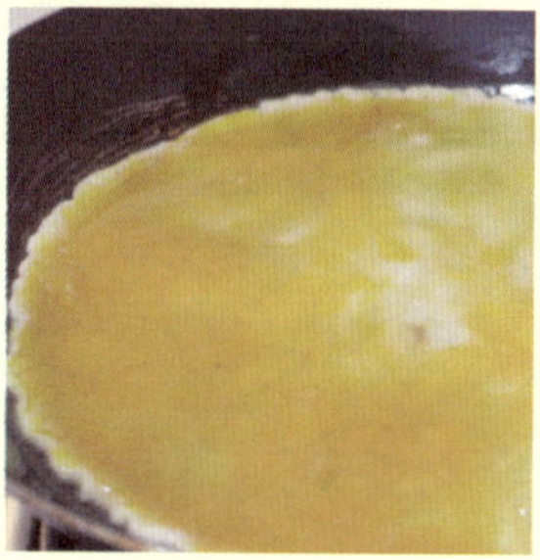

5

6

7

5 小火摊平鸡蛋。

6 将虾仁裹入鸡蛋中。

7 最后撒入小葱花与白胡椒粉。

如果感到人生乏味，给自己来一碗牛肉盖饭

1

2

如果感到生活枯燥，就给自己来一碗牛肉盖饭。

如果感到人生乏味，就给自己来一碗牛肉盖饭。

如果感到精力不济，就给自己来一碗牛肉盖饭。

如果工作很累，就给自己来一碗牛肉盖饭。

牛肉盖饭，几乎是我见过的最正能量的食物。每次吃到它，内心总会立刻涌起一种莫名的幸福感。

牛肉和洋葱的搭配，天造地设，牛肉鲜嫩多汁，有嚼头；洋葱已经煮得很烂，入口即化。搭配颗粒分明、饱满的米饭。把它们一起送进嘴里，口感层次分明，吃完能量充足，心满意足！

很多人说，只有在日式料理店才能吃到好的牛肉饭。其实，它做法简单，材料很容易入手，在家就可以做。而且不需要准备太多的器具，就一个碗还有一个锅，吃完洗刷两下就搞定。

牛肉盖饭的关键其实是酱汤，酱油、料酒不可或缺，还有白糖。

吃完牛肉饭，最后来一杯新鲜的柠檬清茶，人生美满了……想想明天吃啥吧……

3

4

5

6

7

1 准备好食材：米饭、牛肉、洋葱、酱汁。

2 先将牛肉入锅炒熟。

3 放入洋葱大火翻炒。

4 倒入酱汁
（2 勺豉油鸡汁、1 勺海鲜酱油、1 勺料酒、半勺白糖，兑入小半碗水）。

5 煮至汤汁黏稠即可。

6 将米饭铺在碗底。

7 出锅装入饭碗。

牛奶黑椒翅，找找新感觉

一个朋友在网上跟我说，她最近很郁闷，郁闷的具体根源，她也说不清，就觉得自己变得迟钝、麻木和不敏感。生活天天如此，想突破，人又懒，于是恨自己！有时候真的恨到想抓着自己的头发去撞墙，但又怕痛！

那个曾经充满活力、走路一蹦一跳、放声大笑的女孩不见了，时不时冒出来的幽默段子也不见了……她最近在网上说的话，全是抱怨和沉重。

我对她说，赶快去做一些事吧，找找新感觉，做做心念的更新……

做什么都可以，别一直这样下去！我们的心不能失去敏感，哪怕经常因此感到疼痛。

当它被世俗生活的烦琐蒙尘的时候，要及时为它清洗清洗，让它保持鲜活。

找找新感觉，可以是换一份工作，去一个地方，也可以是换个新发型，学

做一道新菜。不一定非得去大干一场，如果能够安静地坐一会儿，那一定很美妙。如果能一个人去吹吹风，那也一定很美好。

变化，不是一天两天可以看到。

实践，是唯一可走的道路。

当我突发奇想，尝试用牛奶来煮鸡翅的时候，真的找到了一种美妙新感觉！

鸡翅先用白胡椒粉和盐巴腌制入味，然后下锅煎至两面金黄，倒入牛奶、黑胡椒粉、香叶慢慢焖煮熟，出锅后的鸡翅让人有小惊喜！鸡翅略带焦香的口感，有些铁板烧的感受，还带着浓浓奶香，黑胡椒粉的加入，更是加分不少。

当你感到生活枯燥无味的时候，多多发挥想象力，自己尝试发明一道新菜吧，很好玩。

1 准备好食材：鸡翅、牛奶、蘑菇、香叶、盐巴、白胡椒粉、黑胡椒粉。

2 鸡翅撒入盐巴、白胡椒粉腌制。

3 蘑菇切好。

4 先翻炒下蘑菇。

5 鸡翅撒入黑胡椒粉，入锅两面煎透。

6 倒入牛奶与香叶。

7 汤汁收缩，撒些黑胡椒粉装盘。

1

2

3

4

5

6

7

奖励自己一块牛肉排

过了好多年，我才了解了生活得“随意”和“随便”的区别。

随意，是随遇而安，顺其自然，活得轻松。

而随便，是放松自己，时常违背原则和对自己的约定，最终的结果是疲惫不堪。

所以，人有时候需要对自己进行管理。修炼自己，就像训练小狗一样，一遍又一遍，不厌其烦。

当意识到自己头脑顽固的时候，要训练自己不要执着于自我，告诉自己：“我是随时可以改变的。”

训练自己，认同和自己不一样的价值观。人都有自己的个性，都有自己的生活选择和方式，我们要接纳那些自己不熟知甚至不喜欢的人和生活。

还要训练自己：“退一步”。

在情绪被激发的时候，比如，被人夸奖，第一反应是“高兴”，这个时候，心里要有个意识：“退一步”，这样，就不至于得意忘形。

在被激怒的时候，也要“退一步”，我非生这个气不可吗？这样，就不会狂躁失控。

当感到脆弱寂寞的时候，“退一步”——我非得做出伤心的反应吗？

过去，我们生活在太多的“理所应当”里面，恶习往往就是这么养成的。

训练自己，养成“退一步”思维之后，就能更加心平气和。

如果做到了，比如，控制了自己即将爆发的情绪，不妨给自己一点儿奖励。

牛肉排是个不错的选择。

将吐司面包搓成屑末加入牛肉末里搅拌，加入面粉，用力搅拌来增加肉排的黏合度。然后将牛排正反两面不停翻动，煎到自己喜欢的熟度。酱汁的调配主要以番茄酱与沙拉酱混合为主。将酱汁淋在煎好的牛肉排上，再配点儿蔬菜沙拉，既做点缀，又能消除油腻。

剩下的牛肉排存放于冰箱内，想吃的时候取出，退冰煎熟后还可以用于汉堡包、吐司牛肉等。

给自己做牛肉排来吃，内心总是充满愉悦和感动。牛肉是充满能量的东西，每次吃完，周身上下升腾起一股豪气，心中充满蓬勃欲发的力量。我始终相信，我能做更好的自己！

1 准备好食材：牛肉末、面包屑、面粉、洋葱、生姜、鸡蛋、黄油、牛奶、黑胡椒粉、柠檬、盐巴、番茄酱、沙拉酱。

2 黄油热锅，切好的洋葱末、生姜末入锅加入黑胡椒粉小炒下。

3 面包屑加入牛奶。

4 牛肉末加入黑胡椒粉、盐巴腌制下。

5 倒入面包屑、面粉、鸡蛋搅拌牛肉末。

6 下手用力拌牛肉末后，捏成排状。

7 牛排入锅煎熟，两面翻动，装盘。

8 调制酱汁：炒熟洋葱、生姜，放入番茄酱、沙拉酱，一小碗水煮。

9 酱汁淋在牛肉排上，挤些柠檬更具风味。

1

2

3

4

5

6

7

8

9

柠檬

冬天的时候，家里空气干燥，如果在加湿器里滴上两滴柠檬汁，一种若有若无的清香在房间里弥漫，妙不可言。

我很想再去一次越南，因为想念那里的食物。越南人喜欢在各种食物里挤上一两滴新鲜的柠檬汁，增加诱人的清香。

柠檬，样子乖巧，颜色可爱，虽然是水果，但很少有人能直接吃它。它永远是一个需要朋友的水果，它的朋友很多，有冰块、蜂蜜、海鲜、红茶、河粉……只要它们彼此一相逢，就胜却人间无数！

我喜欢去提供免费柠檬水的咖啡馆，在喝咖啡之前，先来一个透明的杯子，里面装着透明的水，看似平淡，抿一口，意味非凡……淡淡的清香飘在舌尖，口感新鲜别致。然后再喝咖啡，获得更大的满足。

做沙拉或者凉菜的时候，可以用柠檬汁来取代醋，它提供独特香气和酸味，让人胃口大开！

一只饱满圆润的新鲜生蚝，搭配柠檬汁，去腥味，钓鲜香，真是人间美味！

冬天的时候，家里空气干燥，如果在加湿器里滴上两滴柠檬汁，一种若有若无的清香在房间里弥漫，妙不可言。

超市里有两种柠檬卖，青柠檬和黄柠檬。它们摆在那里，新鲜欲滴、小巧玲珑，让人忍不住想伸手去触摸它们……

我看见一个皮肤白皙、身材妙曼的女孩子，正在细细挑选，小心地拿起，又放下，又找寻。她的专注眼神和姿态告诉我，她懂得细细照顾和保养自己，那白如凝脂的皮肤和细细的腰肢，一定也跟这柠檬分不开。

如果你不相信，也可以试一试：晚上睡前在蛋清中加入几滴柠檬汁，用来敷脸，有祛斑的作用。每天早晨起床以后，喝一杯温热的蜂蜜柠檬水，不需要多么费劲，就能轻松瘦下来，白起来。

失约的泰式酸辣虾

他们从泰国回来以后，就再无联系了。

在清迈，他们住在同一家小旅馆，分别在阳台喝茶时，看见了对方，于是轻轻点头微笑打了个招呼。

后来，他们相约去丛林探险，骑大象，划竹筏，还在河边放天灯。自然而然地从牵手，到相拥，再到一起醒来。

异国、旅途、恋情；心跳、缠绵、汗水，无法呼吸，激烈又充满不确定。

他说他来自深圳，她说她来自北京。

在河边餐厅吃饭的时候，他向她吹嘘自己只要在餐厅里吃过一次好吃的菜，回家就能把它做出来。

“喏！今后你有机会来深圳，我就做这道菜给你吃。”他指着面前这道香味浓郁的酸辣虾对她说。

她笑而不语。

这些年，她在路上，吃过太多毕生不能忘记的味道。但她从未想过，将来一定还要再吃到它。

她也没有告诉他，她吃到好吃的，也会默默观察，在心里研究做法，回去以后，想办法做出来。

他们在曼谷机场告别，各自飞回熟悉的城市。

他再也没有联系过她。

一个暖风和煦的周日，她一个人去超市采购了泰式酸辣酱，回到家做酸辣虾。

她切开新鲜的柠檬、朝天椒。把虾拿起来，从背部剪开，挑去沙线。

她突然想起了他。想起了他的那个小小的约定。

她没忍住，找出一张小字条，拨出了号码。

是一个小女孩接的电话，奶声奶气地叫："爸爸！你的电话……"

她"啪"地按掉了电话。

唉！你又没忍住！她偷偷骂自己！又傻了一次！

太把男人的约定当回事。

有时，男人的约定，只是霎时的感觉而已。这种感觉，是会随着时间和地方的改变而改变的。

女人会吃苦，是因为女人会憧憬。

好在在经历了很多次失望之后，她已经学会了不再夸大自己的悲伤。

她挂掉电话以后，继续剪手中的虾，然后放在水龙头下慢慢冲洗。

这次泰国之旅，仍旧是令人难以忘记的，她还学会了一道菜，泰式酸辣虾。

1 准备好食材：鲜虾、酸辣酱、柠檬、白醋、辣椒、蒜头、生姜。

2 虾背部剪开，去除沙线。

3 切好辣椒、蒜头末、生姜末。

4 半碗白醋，少许柠檬汁。

5 蒜末、姜末、辣椒入锅炒香，再放入虾翻炒。

6 倒入酸辣酱与柠檬醋，煮熟。

P.S.:

泰式酸辣虾的材料都是市场很容易买得到的。新鲜柠檬必不可少，新鲜的朝天椒的辣必不可少。虾一定要从背部剪开，好让味道更深地渗入虾肉中。万事俱备后，蒜末和姜末的加入是点睛之笔，不但去除海鲜的腥，还让滋味更香醇。

1

2

3

4

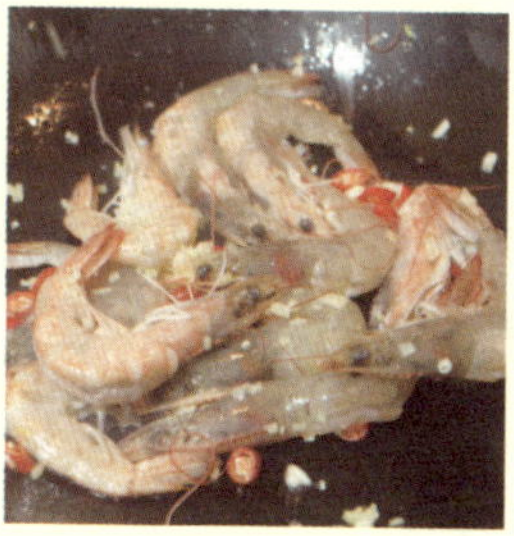

5

6

隔夜入味的味噌汤

“一天结束了，在大家都各自赶回家的时候，我的一天才刚刚开始。只要你喜欢的就可以点，我就会做，营业时间是从晚上 12 点至次日早上 7 点为止，人称深夜食堂。”

深夜时候，片头开始，店家大叔总会有条不紊地做味噌汤，然后开始他一天的经营。这是我非常喜欢的连续剧《深夜食堂》，故事从每道简单料理开始，联系一段情感展开。料理无关技巧、水平高低，哪怕只是一碗简简单单的白米饭，对于某个人来说，都包含着深深的情感。

有时候，食物，就是一种感情。

味噌，又叫日式大豆酱。根据颜色可分为“赤味噌”及“白味噌”两大类。

味噌颜色的深浅主要是受制曲时间的影响，制曲时间短，颜色就浅，时间拉长，颜色也就变深。

因为看了这个电视剧，尝试做了一锅味噌，或许煮的时间不够久，总觉得味道不够，还缺少些什么，于是剩下了整整的一锅，很沮丧。忘了倒，就那么放置着。

隔天回家，想起了这锅汤，又重新炖煮了一番，神奇的事情发生了！这锅汤竟然变得十分好喝！食材入味十分彻底，浓厚香醇。

味道慢慢融入，有时候，需要时间。

1

2

3

4

1 准备好食材：白味噌、五花肉、魔芋、牛蒡、土豆、胡萝卜、香菇、大葱。

2 先处理好食材：五花肉切片，土豆切块，牛蒡去皮。

3 先炒制五花肉。

4 将各种食材倒入一起翻炒。

5

6

7

5 倒入水，放入白味噌。

6 放入大葱慢火炖煮。

7 煮至食材松软，再放一次白味噌入味。

一边红烧排骨，一边思考人生

星期天，我在家收拾屋子，擦桌子，擦窗子，擦柜子，擦地板，洗衣服……忙得一身汗。电话响了，是朋友丹妮。

我说："你在干吗呢？"

她说："躺在沙发上，思考人生。"

我问："思考得怎么样了？"

她说："一团糟！越想越气人，发现自己好差劲！一无是处，一无所有，过去都是盲目乐观，觉得前途无限美好，其实呢，就是自欺欺人罢了！我懂的，都是些浮皮潦草，我有的，远远不及别人……我其实什么都不会。所谓的努力，只是蒙混而已。我根本没有开始生活，也不懂得生活，我的世界太狭窄了……想得快崩溃了，你帮帮我！"

我一下乐了："你呀！赶快从沙发上起来吧！"

现在啥也别想，也别去否定自己了。赶紧穿上衣服，出门！去菜

市场转转，买上两斤排骨，回家查个菜谱。让自己学会红烧一道菜再说！

红烧，是家家都会做，但家家味道都不一样的家常菜做法。做出来的菜色泽红润，味道鲜咸香甜，软烂适中。

做得好的红烧菜，有恰到好处的红而发亮的颜色，味浓汁厚。极度考验料理人的耐心与对于火候的掌控。可不是热锅热糖上色，再入酱油调味，再入水焖煮一步到位那么简单。

调色与调味，相辅相成。水多则味淡，水少则不易煮透。最高境界是，色香味美，原汁原味。虽然整个过程以焖烧为主，但需要耐心地观察，用心做好每一步。

躺着否定自己，不如起来做一道菜。

你能把“红烧”做好，就很了不起，就绝不能称自己是“一无是处”！

1 准备好食材：排骨、香菇、大葱、冰糖、生姜、八角、香叶、豉油鸡汁、酱油、料酒。

2 热锅冷油，放入冰糖慢慢熬成焦糖。

3 放入排骨翻炒上色。

4 再倒入豉油鸡汁、酱油、料酒翻炒。

5 放入冷水，加入香菇、八角、大葱、香叶盖锅焖煮。

6 煮至汤汁收缩黏稠便可。

1

2

3

4

5

6

带来快乐的清蒸河鲈鱼

千种滋味尝尽，有时，会想要吃一点儿鱼。

吃惯了南方新鲜的海鱼，看到北方的海鲜时心里免不了咯噔一下，一条条冰冻的鱼，硬邦邦地躺在冰柜里，看上去就不怎么好吃。

庆幸鱼市里还有新鲜的河鲈鱼，买回来清蒸，很好吃。

蒸鱼前，在鱼的正反面各划几刀，或在鱼背划几刀，这样的鱼容易熟。

鱼身上涂抹些料酒与盐巴，会让鱼更入味。

蒸鱼时的盘要预先放入锅里蒸烫，再放入整只鱼盖锅蒸。

判断鱼肉是否熟，鱼眼突出就代表鱼肉熟了。这个时候别急着出锅，盖上锅盖再焖一下，让鱼肉都全部熟透。

另起锅用滚烫的热油与鱼露调和酱汁，再取出蒸好的鱼将酱汁淋在上面。鲜嫩的清蒸河鲈鱼便完成了。

鱼蒸好了，吃它不能犹豫，要热热地吃，鱼肉才鲜嫩。

噢！天哪！我喜欢这道菜呢！

有时，一个人就能吃掉一条个头中等的鲈鱼。吃鱼的时候，总是感觉很幸福，生活美好，无端地快乐，总觉得一定有好事情在等待着我们。

1

2

3

4

1 准备好食材：新鲜的河鲈鱼、大葱、生姜、食用油、料酒、盐巴。

2 洗净河鲈鱼，在正反面各划开刀口，涂抹料酒与盐巴，塞入生姜片。

3 预先将盘子热过，然后放上处理好的鱼，盖锅蒸。

4 起锅后撒上葱花，再热油调制海鲜酱油与鱼露酱汁，浇在鱼上即可。

和小朋友一起吃的全麦卷饼

如果家里来了小朋友，总会想着做些让小朋友喜欢的食物，颜色要好看而且营养要丰富。

恰好刚买了荞麦粉还有许多的蔬菜，于是就用了做烙饼的方式，将荞麦粉加入了水搅拌成了面糊，一张张地摊熟。然后将胡萝卜、黄瓜、高丽菜、鸡肉都切成丝，方便卷饼。

卷饼的时候，用了沙拉酱调味，包的时候还可以蘸些酸辣酱。这样酸酸甜甜的食物，外观上颜色鲜艳，小朋友很是喜欢。与小朋友共进晚餐实在是欢乐的，没那么多计较的心！

1 2 3

4 5

1 准备好食材：煮熟的鸡胸肉，荞麦粉，切丝的黄瓜、洋葱、胡萝卜、土豆、高丽菜、沙拉酱、黑胡椒粉。

2 荞麦粉加水捏成团，放入锅中摊成饼。

3 将洋葱、黄瓜、土豆、胡萝卜、高丽菜翻炒。

4 加入沙拉酱与黑胡椒粉。

5 将拌菜放入饼里卷起吃。

伤心时的辣白菜炒五花肉

流过了一公升的眼泪，

才知道，很多事情是认真不起的。

一个晚上，哭累了的我在路边买了一袋苹果，提去同学沈西的住处做客。

男孩子的住处居然比女生的整洁，桌上放着学习的资料和书，那沙发真是好坐。可惜被沈西的女朋友小莫的各种小东西占了……

沈西，是我的初中同学，现在在北京做导游和歌手，性情单纯，内心严肃又多情，热爱故乡，最擅长快乐地生活。小莫，中央戏剧学院导演系学生，高

挑，漂亮，朝鲜族，给我更深刻的印象就是……很会做泡菜！

我倒在沙发上吃苹果，电视里正在放着一些搞笑的东西……小莫呢，在铺桌子，倒饮料，送碗和筷子，端菜……沈西在云山雾罩的厨房奋力挥动锅铲……

因为是在最好的朋友家里，所以就不用客气跑去问"要不要我帮忙"了。

沈西忙完了走出厨房，对小莫说：快，该你上场了，辣白菜炒五花肉。

小莫愉快地走进厨房。

菜上齐了，五菜一汤，味道还真不错……尤其是那道辣白菜炒五花肉。

酸辣爽脆的辣白菜，出自小莫之手，能吃出她的用心和爱意。现在这社会，这样漂亮还会做点儿传统菜肴的女孩，真是少见了。沈西好运气。

虽然我从走进他们家开始，眼睛就是又红又肿。他们自然是看出来了，但没有问一句。

问也没用，还是吃能解决问题。味蕾一接触那种辛辣而美味的感觉，伤心逐渐靠边站……

我说："小莫，你做的辣白菜真好吃。"

小莫笑嘻嘻地说："知道你喜欢，已经给你单独装了一个小饭盒，晚上你提回去。"

为了不辜负这一桌子菜，我和沈西喝了两杯白酒……

吃饱了，放下碗，沈西负责洗碗，小莫负责切西瓜。

我坐在沙发上无聊，抱着吉他唱了一首。沈西过来，把头顶的灯关掉，只剩墙角的一盏射灯……我们的演唱会开始了……

总是面对那些令人很难堪的事，

才明白人间的聚散，

是不用太多去计较……

小莫唱的这首歌，又把我的眼泪唱出来了。

10 点半，我乘出租车离开，那是一大段陌生的路，风很大，吹落的槐树花噼里啪啦砸在挡风玻璃上……

我是在 5 年以后，回忆这个夏天的夜晚。

沈西和小莫已经分手。小莫已经嫁给别人。

但是想起她，我总会想起她做的辣白菜，以及那天晚上，落在挡风玻璃上的那种俊俏的花朵。

白白的。

小小的。

里面，藏着一颗浓浓的蜜……

1 准备好食材：五花肉、辣白菜、生姜、料酒、盐巴。

2 五花肉切片，用盐巴与料酒腌制片刻，放入锅里与生姜末翻炒。

3 倒入辣白菜，焖煮入味。

1

2

3

4

4 起锅装盘。

P.S.:

如果不会自己做泡菜，用袋装的辣白菜也不错。五花肉一定要先腌制一下，用料酒、盐巴、辣白菜的酱汁一起腌制，时间久一些才入味。五花肉要切得薄而漂亮，可以先放入冰箱里冷冻下再切片。太厚的五花肉吃起来很容易腻。

土豆

全世界人民都爱吃土豆。

全世界人民都爱吃土豆。

细数各个国家的招牌传统美食，很容易发现土豆的身影。

美国人爱吃炸薯条。

法国人爱吃土豆沙拉。

德国人爱吃土豆泥。

俄罗斯人喜欢用土豆做汤。

在我走过的国家中，英国人是最不会做菜的，唯一拿得出手的，就是土豆烤鸡和“夹克土豆”。

“夹克土豆”的做法十分简单，就是将一个土豆洗干净以后，带皮煮熟，然后咔一刀，切两半，然后将切成丝的芝士条撒在热腾腾的土豆心上。芝士条遇热变软，贴在软绵绵的土豆上，然后用勺子叉子挖着吃，别说，还真的是甜糯鲜香，好吃。

擅长做这道菜的，是寄宿家庭的 hostmother，我告诉她，在我的家乡，一个遥远的地方，盛产土豆，最大的可以长得像一个小枕头那么大，她表示不敢相信。

在遥远的云贵川高原，山里的彝族人最喜欢烧东西吃，把小鸡之类的宰了之后，切成条，扔进火堆里烧熟，再抹点儿盐巴和辣椒粉。吃肉之前，在火堆里扔几个土豆，慢慢烘烤着。吃完肉，土豆就熟了，老远就能闻到香味。抓起一个来，在石头上敲打两下，让土豆上的炭灰弹落，再用一小截树枝，刮刮土豆皮，把烧焦了的部分刮掉。整个过程，嘴里要不断吹气，因为刚从火里拿出来的土豆真的很烫！手指头会像灼烧一样疼痛，但是，当土豆吃到嘴里的时候，手指头受点儿罪算什么？土豆入口即化，掩不住烘烤的焦香。山里面的人，总觉得吃烤的土豆，有了那个烧、敲、弹、刮的过程，才算是吃出了土豆的真味。

我离开家乡已经十几年了，去年我回乡换护照，发现县城所有能盖的地都被盖成了商品房，泉水已经枯竭，街上有了霓虹灯，跑上了出租车。只有像玉盘子一样的大圆月亮，从大山背后，一点点地升起来的时候，才找到一点儿归乡的感觉。

离开的那天，我坐在车里，车在山路上蜿蜒盘旋，慢慢爬上高山。

高山上冷雾弥漫，完全看不清前路。

突然，我看见一个牧羊人，正坐在雾中剥土豆吃。他面前烧着一小堆火。

在一座几千米的高山上，他孤身一人，完全无视我们的过往，他围火取暖，专心吃一颗土豆。你们有你们的方向，我有我的生活。

生日里的土豆炖牛肉

今天是她的生日。

几天前，微博和开心网上，系统就已经通知了她的朋友们。于是，她陆陆续续收到了一些虚拟的礼物，一个棒棒糖，一条小内裤，或者一朵闪闪发光的玫瑰花。

现实生活里，她却一个电话都没接到。今年，连父母都忘记了。

她一点儿不怪父母。因为有时候她也会忘记他们的生日。

她从来不觉得别人忘记她的生日，是亏待她。

有礼物，自然好。没礼物，很正常。

反倒是喜欢一个人过生日，在渐凉的夜晚，心里带着一点点孤单和苦涩，一个人去看一场不痛不痒的电影，然后去吃一点儿甜品夜宵。这就算过生日了。从不会假模假式地对自己说一声：生日快乐。

30 岁以后，开始不喜欢过生日，甚至不愿意记起生日这回事。

今年的生日，连电影都不想出去看了。就想像平时那样，给自己做点儿吃的。然后看看书，写点儿东西。早点儿睡。

没有为生日去专门采购食物，只想做一锅可以吃上几天的菜，省掉这一周的麻烦。

炖是很好的选择。

几个土豆，几根胡萝卜，一颗洋葱，一些牛肉片，土豆炖牛肉。

为了让味道完全融入，慢炖是必须的。土豆越炖越松软，越入味。

一锅吃上两天没有问题。一个人这样吃最好。

1 准备好食材：牛肉、洋葱、土豆、胡萝卜、豉油鸡汁、海鲜酱油、料酒、白糖。

2 土豆切块泡水。

3 胡萝卜切块。

4 洋葱切块。

5 入锅翻炒洋葱、胡萝卜、土豆。

6 加入水、豉油鸡汁、海鲜酱油、料酒、白糖调和汤汁。

7 放入牛肉一起焖煮。

8 出锅装碗。

1

2

3

4

5

6

7

8

寂寞的照烧鸡腿

看了很多很多的电影，发现，寂寞的人睡姿都是一样的：

此刻，如果灵魂可以飞舞，
就让它摊开，
随风去远行。

我这身体，
就让它侧着睡去，
双手放在胸口，

收起翅膀的姿势。

我的未来，
像一个沉重的谜，
悬在黑暗里。

寂寞，考验人的意志，让人觉得艰辛，又格外清醒。

总是不得已地坚强。

寂寞的人，总是觉得这样的日子将无边无际。却不知道，幸福的种子，已经悄悄被放在身边，它默不作声地裂开，发芽。

寂寞的人，更应该煮东西给自己吃。

煮，让自己有事可做。

吃，让自己温暖起来。

对于寂寞时光，不管别人懂不懂，我一直很珍惜。

对于照烧，一直有莫名的喜爱。它是我单身时，最爱的食物。喜欢它咸甜酱香，软软的味道。

刚开始，喜欢去料理店吃，后来因为太喜欢了，就四处寻找料理的方式，买照烧酱，讨教朋友。虽然做出来的不如菜馆那么正宗，但是自己吃，已然满足了。

自己做照烧酱是关键。用 1 碗水加入 2 勺豉油鸡汁、1 勺红烧酱油、半勺蚝油、1 勺料酒、1 勺半的白糖小火熬煮黏稠。鸡肉事先用面粉裹入生煎，将表皮煎至焦脆，倒入调好的照烧酱，将鸡肉完全煮熟。过程看着容易，却很不简单。当我盯着锅，慢慢煮，那个汁儿开始收起来，变得黏稠的时候，空气也开始微妙起来……

1 准备好食材：鸡腿、大葱、面粉、照烧酱。

2 鸡腿去骨。

3 裹上面粉。

4 将鸡腿带皮面先入锅煎，再反面煎，放入大葱煎。

5 照烧酱。

（1 碗水、2 勺豉油鸡汁、2 勺红烧酱油、1 勺半白糖、1 勺料酒、半勺蚝油、大葱一并入锅。）

6 半熟的鸡腿，切块放入酱汁里煮熟。

7 鸡腿装盘后，将照烧酱煮至黏稠状浇在鸡腿上。

1

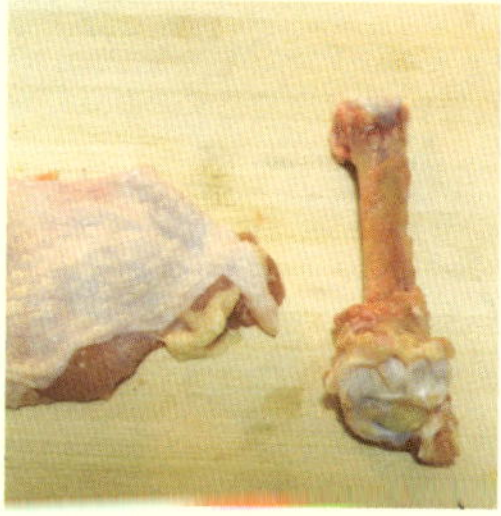

2

3

4

5

6

7

什锦炒海鲜

每一天，转眼就过去。与其纠结昨天，梦想明天，不如认真、充实地过好现在。

让自己成为一个像海绵那样的人，不断吸收和过滤，最终饱满起来。

接受和自己不一样的人生和选择。

懂得道歉。

不一定要成为一个优秀的人，但一定要成为一个快乐的人。

评论他人之前，先看看自己。

孤独是迷人的。

不要容易倾诉，有些话说出去，是垃圾；消化掉，是智慧。

偶尔抬头看一看天空。

任何时候，重新开始，都不迟。

人生之事，十有八九不如意。

他人的认可，真不重要！

痛苦时，让自己流汗去吧！

宽容、豁达，善待身边每一个人，你的运气就会好。

什锦，就是把五颜六色的材料拼在一起，喜欢什么颜色就放什么颜色的食材，喜欢什么样的味道就放什么样的味道。红的萝卜，绿的荷兰豆，黑的木耳，白的鱿鱼，粉的虾仁，如同调色盘般地拼在了一起。五彩斑斓的颜色，总是能让人勾起对于食物的欲望，好看又好吃。更重要的是，身体喜欢，心也喜欢。

1

2

3

4

5

6

7

1 准备好食材：鱿鱼、虾仁、鲜木耳、荷兰豆、胡萝卜、大蒜、料酒、盐巴、味精、白胡椒粉。

2 荷兰豆去丝。

3 鱿鱼切花，与虾仁入水煮熟。

4 胡萝卜、木耳切片。

5 蔬菜焯水。

6 热锅炒香蒜头，放入鱿鱼与虾仁翻炒。

7 再放入蔬菜，倒点儿料酒，撒入盐巴、味精、白胡椒粉翻炒。

深夜的蛋烧

明天是她结婚的日子。

他开车经过那家深夜仍在营业的夜宵店，灯光晃眼，他突然感觉眼花，于是停在路边，把眼睛捂住，眼泪止不住往下掉。

他想给她打个电话，就找出了手机，犹豫了很久，最终还是按了拨通。

电话响了两次，她没有接。

她这会儿在做什么呢？准备喜糖？收拾嫁衣？还是在一群远道而来的亲戚之间说笑？不管怎么样，她都不该不接电话。

他难过了，当下就决定，一定要把她从心里抹去。

她从未不接他的电话，还曾无数次耍赖埋怨他每天打给她的次数太少。

女人啊，说变就变了！他想。

他闻到一股蛋烧的香味，肚子有点儿饿，就走进店里买了一份出来，坐在车里吃。

在那家通宵营业的店里，坐了好多的情侣，他看着，仿佛看到了他们当年的影子。

他们有一次在那里吵架，她大哭着说："跟你分手，就像要砍掉我的一只手一样疼！真希望我的心能硬得像自己需要的那样……"

年轻的男人，总是不知道该怎样珍惜。只能让她哭。

终于，她做到了。

后来，他也做到了。

各自走上永不再交集的道路。

相濡以沫，不如相忘于江湖。

虽然再次经过那个蛋烧店，他们仍然难以抑制内心的涟漪。但他们只会故意不看窗外，让车轮滑过，再也不会拨出电话了……

1 准备好食材：鸡蛋、香肠、牛奶、白糖。

2 鸡蛋加入一勺牛奶、一勺白糖，打匀。

3 香肠顺着方向切 3 刀，入锅后翻炒变成章鱼状。

4 将鸡蛋液倒入加热的平底锅里，熟时卷起。

5 推至锅边，再倒入鸡蛋，一层层卷起。

6 去掉头尾，滑嫩的厚蛋烧完成。

P.S.:

蛋烧可以做成甜的或者咸的，3 个蛋加入 1 勺牛奶煎出来的蛋烧更厚实，加 2 勺牛奶会让蛋烧更加滑嫩。用中小火慢慢翻卷鸡蛋是关键，小火不易凝固，大火容易焦，需要多试验几次。

香肠的选购没有固定种类，口味随你喜欢。中间划开 1 刀，沿着香肠再划下 2 刀，变成 6 段入热锅后就自然变成章鱼状。

1

2

3

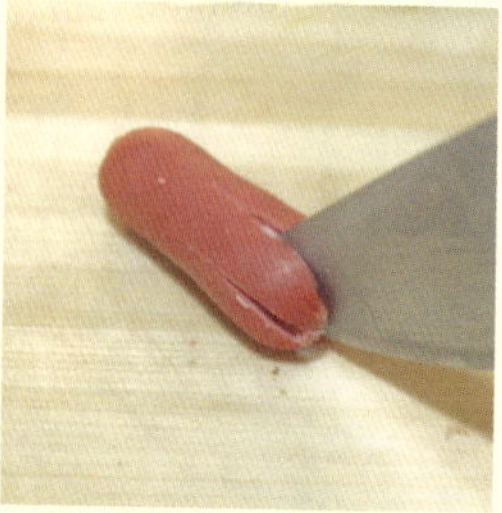

4

5

6

记忆中的虾仁炒饭

好怀念小时候的暑假。一群离开了学校的兄弟姐妹混在一起，一起玩，一起吃饭，一起睡觉。大伯在那个时候自己开了家小小的大排档，算是个体户，到深夜店铺打烊的时候，总会打电话回来一个个地问我们要吃什么，然后大伙坐在电视前边看《西游记》边等着消夜到来。深夜档的《西游记》总是能连放好几集，百看不厌。我妹妹看到白骨精和蜘蛛精，总是把眼睛捂起来。而男孩子就喜欢突然去拍打她的肩膀，高兴地听她那一声尖叫！

如果有几个小钱，就跑出去花 2 元租盘录像带回家看，那时最流行星爷的片。

大伯带回的消夜中，印象最深的是虾仁炒饭。米饭粒粒包裹着蛋，炒得焦香的虾仁，以及香葱散发出的香味，那样的味道总让人怀念。

炒饭要用隔夜饭，先用鸡蛋液倒在饭里搅拌后再炒，就可以粒粒都让蛋包裹住，最后熟的时候再撒入香葱翻炒下，撒些白胡椒粉，味道真是好。如果能再来点儿辣椒酱，那是再好不过了。

1 准备好食材：新鲜虾仁、隔夜饭、胡萝卜、鸡蛋、青葱、盐巴、白胡椒粉。

2 将鸡蛋液倒入饭里。

3 搅拌至鸡蛋裹满米饭。

4 虾仁切块。

5 胡萝卜切丁。

6 先炒熟虾仁，备用。

7 翻炒米饭，放入熟虾仁、胡萝卜丁。

8 撒入盐巴、白胡椒粉与一把青葱。

9 最后煎一个鸡蛋。

1

2

3
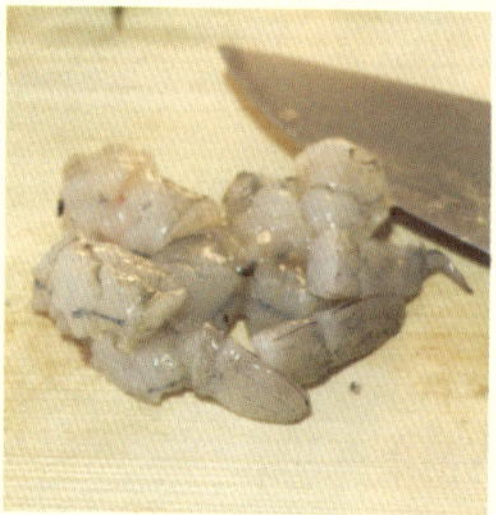
4

5

6

7

8

9

简单丰富的关东煮

周末到了，睡懒觉是必须做的事情。要好好享受洒到床上来的阳光，尽情睡到自然醒。

真的，我从来不觉得睡觉是浪费生命的事情。

睡饱了，起来做个荷包蛋，一杯柠檬水，早餐可以简单点儿。

然后来个大扫除，洗洗衣服，晒晒被子，拖干净沾满灰尘的地板，整理乱放的东西，一点儿一点儿地收拾干净。

一晃就到了中午，可以给自己准备一顿清淡的周末午餐。

关东煮。简单，又好吃。

汤底很重要，用泡过海带的水，再加入香菇、萝卜、白菜一起熬煮。调味用酱油提鲜，最后一一放入喜欢的火锅食材煮熟，汤底随着食材的加入会越煮越有味道。

1 准备好食材：海带、萝卜、豆腐、牛蒡、鸡蛋、白菜、香菇、海鲜酱油、鱼露、料酒、白酒、白糖。

2 处理好食材，牛蒡洗净切段，萝卜去皮切块。

3 用海带泡的水，加入香菇、萝卜、白菜熬煮汤底。

4 去掉食材的汤底，加入 3 勺海鲜酱油、2 勺鱼露、1 勺料酒、1 勺白酒、1 勺白糖。

5 豆腐切块，下锅煎熟。

6 将食材一样样地放入锅中，慢慢煮熟。

7 慢火熬煮熟，出锅。

1

2

3

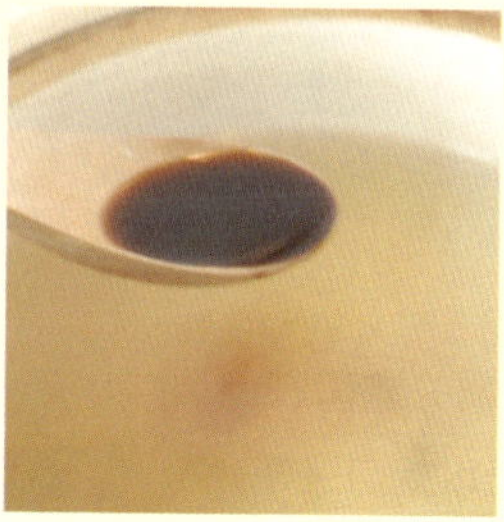

4

5

6

7

我记得你最爱吃土豆泥沙拉

昨天，我收到一封信：

见信好！

想来想去，我终于决定离开法国，回到北京。尽管这里拥堵不堪，空气糟糕。但我内心一直很想回来，所以就回来了。

回国后，本来住在一个酒店公寓里。一个月以后，要去外地做一个活动，所以，必须要找一个没有租金压力的地方来放我那两个大箱子。于是，就找了一间小屋子，跟一个编辑和她的男朋友合租。女编辑很漂亮，说话轻言细语，喜欢他们，当时就定了。

房间很小，床很大，占了半个房间，还有一个超级大的壁柜，粗算了一下，能一次叠20个人进去吧！屋子空空的，只有两只箱子，少许化妆品，一个旅行包，几本书。可以不要的东西都不要，不是急需的东西也不要。随时都可以出发离开，没有负担。

冬天，房间喷着暖气，放一个橘子进去，第二天能干成一团，我口干舌燥，鼻子天天感觉要流血。我那窗户外面是一片小树林，冰天冻地，一片枯萎景象。

活动结束回京，下飞机已经夜里 12 点，半夜突然被一阵猫的叫声惊醒。我那时还不知道，它为什么叫得那么凄惨，是有人在虐待它吗？它叫了一夜，我猜了一夜。

就这样，不分白天黑夜，一个月没睡好觉，直到这只小猫找到了伴侣。我的心情，也在那一段冰冻的时间，低落到了谷底。

我有一个小小的厨房，这是最令我满意的地方。春天来了，有一天，拉开窗帘，突然发现靠窗最近的那棵树已经冒芽。

从那天起，每天拉开窗帘，它们的形状和颜色都不一样。有一天，我拉开，发现几片宽阔的树叶竟然都已经伸进了窗台。忽然自己也想养几棵植物，就去买了好几盆放在窗台。每天在窗台前做饭，看看它们，喜悦又平静。

可惜好景不长，我后来又出差，由于托付的人照顾不善，它们已经全部枯死了。

今天很暖和，我把电脑搬到院子里的一棵树下，把石凳子洗干净，把周围的狗屎都捡了，在这里给你写信。突然发现这栋单元楼的颜色原来这么漂亮，浅橘色的外墙，老式的房子，窗户四四方方，树都快和房顶一样高了。

中午人们都去上班了，只有三只猫和一只狗在这里玩。猫们跑来跑去，根本不在意我的存在，只有小狗跑到跟前，跟我对视两眼，又跑掉了。

今天突然想到了，就翻找手机，突然发现你的号码不见了。只好给你写邮件。

你在哪里？现在好吗？在做什么？

收到信，给我回信，告诉我你的手机号。然后来我家做客。

我做饭给你吃。

我还没有忘记，你最喜欢吃的是土豆泥沙拉。

1 准备好食材：土豆、黄瓜、胡萝卜、鸡蛋、香肠、沙拉酱。

2 黄瓜用盐水泡，去苦水。

3 胡萝卜切片，香肠切丁。

4 鸡蛋煮熟，切丁。

5 黄瓜出水切片。

6 土豆煮熟去皮，弄碎。

7 趁热放入香肠、黄瓜、胡萝卜。

8 冷却后，倒入鸡蛋、沙拉酱一起搅拌。

P.S.:

土豆泥，在大多数时候，是配菜。但如果自己在家做，完全可以当成正餐。几个土豆下肚，很难不饱的。

关于土豆泥的做法，大致不会偏差到哪里，配菜不同，口感略有差异。我喜欢在土豆泥中加入芝士，还有个朋友，竟然喜欢加入芥末。

加入鸡蛋，会让土豆泥香味更加浓醇。

你喜欢怎么做，就怎么做好了。

1

2

3

4

5

6

7

8

暗恋
酱油炒面

她在做酱油炒面。

把面条过水煮熟后，放入冷水中。这样做，是为了让面条筋道，炒起来不容易凝固成一团。

然后她把蔬菜和海鲜过水烫过，加入面条一起翻炒。

放入一点儿酱油，不要太多，两勺足够了。

酱油很快均匀地裹满每根面条，每一根的颜色都略带金黄。

最后再煎一个荷包蛋，盖在海鲜面上。

她想：不知道他会不会喜欢吃？

他是她的同事，就坐在邻桌。

她喜欢他，不知道他知不知道。

每天上班，她做的第一件事就是去看他的微博，而且，还不能让他看见。这样的动作，每天要重复好多次，已经成了习惯。

手机里，躺着好多跟他的工作短信，她总舍不得删除，过一段时间，她就会拿出来看，总觉得每一条都写得不够好。

每一次从他工位走过，她总会介意自己的腰是否挺直了。假装走自己的路，其实满心满身的注意力，都在他那个方向。

不上班的时候，听歌，看电影，很容易想到他。

在旅行途中，也会想到他。

在她的世界里，有他，没他，空气的味道完全不一样。

暗恋，太折磨人了！让她喘不过气。

她写信给素未谋面的一位作家，她是她长期的读者，她说："我真的，很用心地，喜欢着他。但是，我不知道，如果我对他说了，他会不会讨厌我……"

作家给她回信说："冷了，就说冷了。饿了，就说饿了。喜欢了，就说喜欢了。不要怕。暗恋与恋爱只一步之遥，如果不走出这一步，就只能永远暗恋了……如果实在困难，就甩掉表白的固有概念，用另一种方式去表达……"

"另一种方式"启发了她。

她决定，为他做一顿午餐，悄悄放到他桌上去。看他惊讶又好奇的样子。

这会是一个开始。

她想象着，他在吃之前，用筷子破开荷包蛋，香滑的蛋液融入每一根金黄的面条中，闪闪发光……

1 准备好食材：拉面、虾仁、瘦肉丝、胡萝卜、鸡蛋、高丽菜、酱油。

2 拉面煮熟，过水冷却。

3 瘦肉丝、虾仁、胡萝卜、高丽菜入水煮熟。

4 将全部食材入锅翻炒。

5 倒入面条，加入酱油翻炒。

1

2

3

4

5

鸡蛋

我们在开始追求素食的时代里，回忆起那碗温暖的鸡蛋羹。

小时候，爸妈带我去看外婆。

外婆家非常远，要先坐车，然后渡船过江，再走两个小时的山路。

外婆对我可好了，给我做好吃的，还给我零用钱。

离开的时候，由于还要走山路，外婆就会煮几个鸡蛋，塞到我们的包里，说：给你们当午饭。

我们揣着那几个热腾腾的鸡蛋开始下山。在鸡蛋还留着一点儿温度的时候，坐在江风肆虐的山头，把它们吃了。

我不太喜欢吃煮鸡蛋，因为老被蛋黄噎着。但从小到大，只要提起煮鸡蛋，我就会想起我的外婆。

鸡蛋，是介于荤与素之间的美物。

吃不起肉的那些日子，家长会用鸡蛋来对付抗议的孩子。

鸡蛋也不容易吃到，母亲分了鸡蛋羹给我们之后，用勺子刮碗沿，独自吃那半勺搜集起来的温柔的蛋羹。那时候我们以为，妈妈不爱吃鸡蛋羹。

现在我们都长大了，吃肉不再是奢侈的事。我相信一定不止我一个人，会突然面对着一碗蒸鸡蛋羹莫名怀旧和悲伤。

P.S.: 关于鸡蛋

鸡蛋有“全营养食品”的美称，是优质蛋白质的最佳来源。

1. 选鸡蛋，不是越大越好。
2. 红壳蛋和白壳蛋一样有营养。
3. 蛋黄颜色的深浅也无关优劣。
4. 新鲜的鸡蛋蛋壳上会附着一层白霜。
5. 用手轻轻摇一摇，没有声音的鸡蛋更新鲜。
6. 把鸡蛋放入冷水，鲜蛋会下沉。
7. 散养鸡蛋和圈养鸡蛋的营养差别其实不大。
8. 蒸鸡蛋比煮鸡蛋营养，煮鸡蛋比炒鸡蛋营养。
9. 少吃茶叶蛋。
10. 每天吃一个鸡蛋就足够了。
11. 吃太多鸡蛋，会导致胆固醇升高。
12. 很多地方有感冒了不能吃鸡蛋的说法，这种说法是错误的。
13. 鸡蛋需要放进冰箱冷藏。圆的一端朝上，尖的一端朝下。
14. 鸡蛋最多可以存放60天，但最好吃半个月以内的新鲜鸡蛋。

天妇罗，原谅我

室友生气了，什么话也没说，就回到自己的房间。

她红了眼睛。

两个女孩子住在一起，总会有一些摩擦。

她确实不小心，说了一句随口而出的话。

“但是，我承认我错了呀！我还说对不起了！她为什么还一直生气？”

她气呼呼地走进厨房，做自己的晚饭。

本来想做一些天妇罗，两个人一起吃的。

那你生气好了，我自己吃。小气！小气就要付出失去美食的代价！她一边调面粉，一边想。

但同时，她又在想：有时候，我们真的很容易将一句伤人的话说出口！

那句话，其实不是她的真心话。只是不知不觉就说出口了。

“我真的不知道，一句话会对另外一个人那么重要。”

有时候，正是因为对方是最亲密的人，才会老说些不中听的话。

是的，最亲密的人！在这个城市里，还有谁比她更懂自己呢？

都是远离父母的孩子。每天一起早起，出门，坐很长时间的车去上班。晚上谁回家早，就做两个人的晚饭，一起吃。周末一起去看电影，一起喝醉。一

起讨论男生，一起大哭大笑……生病时，照顾对方……知道对方穿多大的鞋子，喜欢吃什么口味的冰激凌，连对方的生理日期都知道得一清二楚。

正是因为很在意，所以才会很伤心。

她后悔说了那样的话。

她一边炸手中的菜，一边倾听隔壁的动静。

快一个小时过去了，她怎么还不出来……

我该怎么办?

主动跟她说话吗?

她要是打开门，看她第一眼，我该做出什么样的表情? 第一句话说什么? 怎么样才能让她消除对我的怨恨，让她知道我错了?

……

房间里很安静，只听见时钟的指针走动的声音。

过了一会儿，她径直走到了她的房间门口。

轻轻敲了两声：

“吃饭了。”

1

2

3

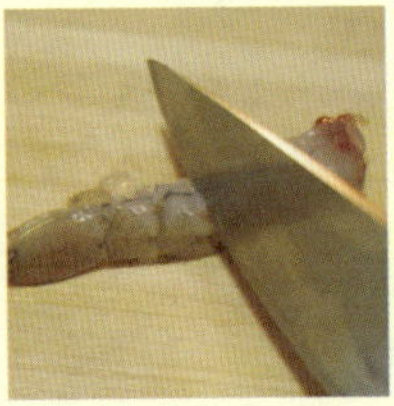

4

5

6

7

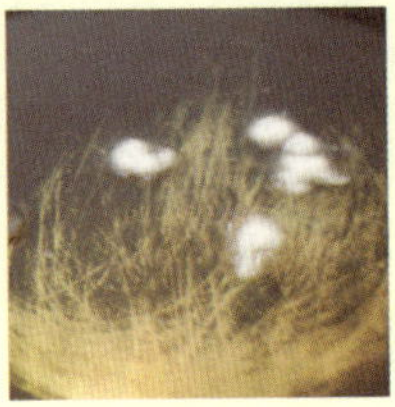

8

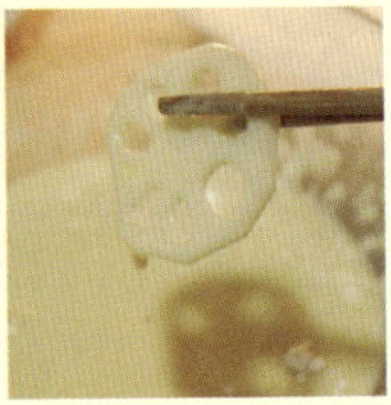

1 准备好食材：面粉、虾仁、鸡翅、鱿鱼、莲藕、土豆、胡萝卜、高丽菜、香菇、牛蒡、盐巴、白胡椒粉、酱汁。

2 土豆切条泡水。

3 虾仁去壳，从内面划几刀。

4 鸡翅用盐巴、白胡椒粉腌制。

5 面糊：一个鸡蛋加入一碗冷水搅拌，倒入半碗面粉搅拌，如果太稀再加面粉搅拌。

6 胡萝卜丝、高丽菜、牛蒡加入面糊搅拌做成蔬菜饼。

9

10

11

12

7 滴入几滴面糊测试油温，浮起即可。

8 莲藕裹上面糊，入锅炸。

9 将土豆裹上面糊炸熟。

10 虾仁裹上面粉炸熟。

11 鸡翅、香菇裹上面粉炸熟。

12 酱汁：海带水、2 勺海鲜酱油、1 勺料酒、1 勺黑醋、半勺白糖。

P.S.:

天妇罗，需要掌控面糊的制作，还有油温的把握。面糊太稀，不容易将食物包裹住。不需要加入盐巴之类的调味品，单纯的面粉与鸡蛋搅拌就好。如何判断是否下锅油炸，滴几滴面糊能迅速成型浮起就可以了。用中火炸食物容易控制，大火往往外表焦黄了，里面却还生硬。先中火炸，再转小火慢慢炸至熟透，起锅后的油炸食物用吸油纸过滤下最好。

一定要多吃的香芹炒鱿鱼

一周的辛劳过后，也没有闲着。正在堆积如山的衣服中奋斗时，电话响了。不用问，一定是老妈。

电话一接起来，老妈就问："鼻子怎么堵住了？感冒了？"

"没有，没有……"吸吸鼻子，然后等待后面的数落。"天气冷了，就多

穿点！不要光顾着漂亮！感冒了就要吃药！别拖着，晚上被子是不是薄了？”

“没有啦！没有啦！”

老妈的耳朵就是这么灵，隔着千山万水，都能透过一根细细的电话线听出我哪里不舒服。

“吃饭了没有？”

“还没呢，洗衣服呢。”

“这都几点了？”——得！把话筒拿得离耳朵远一点儿吧，只听见听筒里，又是机关枪一样的一通：“还不吃饭？胃受得了吗？一个人在外面，最起码的，就是要按时吃饭。营养要均衡一点儿，不要多吃肉，多吃点儿带颜色的蔬菜食品，茄子、西红柿、豆腐……”

“知道了！知道了！”

每个礼拜天，都要接到这样的电话，电话的内容永远千篇一律。我的回答，也永远是那样的。不管一个人在这个城市过得怎么样，接父母的电话，一定要假装很幸福。什么事儿都没有，一切都很好，他们才不会那么担心。

“好了，不说了啊妈，我要洗完衣服做午饭呢……”

“快去吧！对了，多吃点儿芹菜啊！记住没？”

“记住了！”

1

2

3

4

5

6

7

8

1 准备好食材：鱿鱼、蒜头、芹菜、料酒、生姜、白胡椒粉、盐巴，鱿鱼内面正斜划出叉形。

2 切好花纹，分段切开。

3 尾部处理干净，分段切开。

4 凉水倒入料酒、生姜煮开，鱿鱼入水煮熟。

5 热锅炒芹菜，放入鱿鱼翻炒。

6 加入芹菜，撒入白胡椒粉翻炒。

7 芹菜叶洗净。

9

8 切碎与鸡蛋一起搅拌，撒入盐巴、白胡椒粉。

9 入锅翻炒。

P.S.:

芹菜是极好的蔬菜，镇静安神，清热解毒，利尿养血，还可以减肥。当你嘴里正在咀嚼芹菜时，你消耗的热能远大于芹菜给予你的能量。真乃当今居家生活必备的神奇蔬菜。

芹菜根炒鱿鱼，芹菜叶炒鸡蛋，真是一点儿都没有浪费。生吃凉拌或者榨汁，可以最大程度地保存营养。但有的人可能会不太适应生芹菜的味道。不管怎样，记得多吃芹菜，记得！

小火锅的温暖

她刚开始不太爱在自己家里做火锅，因为会有味道。

在一个房间里住久了，会洞悉这里所有的气息。四月打开窗，柳絮飞进来，是春天的气息。夏天外面暴雨，有泥土的气息钻进来。有时候家里来了一个快递男生，他走了以后，会留下浓重的汗水味道……还有刚洗完的被褥、新注入马桶的蓝色清洁液、植物开花……有些气味，使人宁静安详，有些却让人伤感寂寞。

火锅味是后者。

每次自己煮小火锅吃，那味道，两天都散不去。再次打开家门，就是那样一股复杂的气味，使人懊恼：为什么又没忍住！

是的，忍不住。想自己吃点儿冒热气的东西。

没有电磁炉，用砂锅煮。

做得很清淡，没有太多调料，用各种菌类熬煮蔬菜汤，放入一点儿盐，再在滚汤里烫熟羊肉和青菜，蘸一点儿姜汁，快速地吃下去。

砂锅小小的，有保暖功能，一个人吃，又温暖又干净。因为菜叶是自己洗的，不用担心上面还残留虫卵。还有锅底，知根知底，完全无须怀疑是千年老汤。

至于房间里残留的那个味道，也只是两天而已。第三天，它必散去，想留都留不住。

1

2

3

4

1 准备好食材：羊肉、墨鱼丸、金针菇、小蘑菇、娃娃菜、豆腐、茼蒿、盐巴、鸡精。

2 娃娃菜入锅当底。

3 依次放入金针菇、小蘑菇、墨鱼丸，入锅煮。

4 煮至水沸，然后放入切块的豆腐，一起慢慢炖煮。最后加入羊肉、茼蒿，撒入盐巴、鸡精完成。

西红柿

西红柿炒鸡蛋，跟妈妈学的第一道菜。

“西红柿炒鸡蛋，该不该放糖”，成为了前段时间的网络热门话题。各地网友吵得不可开交。

网友 A：我们家祖孙三代都放糖。

网友 B：有人说西红柿炒蛋放糖，简直就是暴殄天物。

网友 C：营养专家表示，要少吃糖，所以最好不放糖。

网友 D：我婆婆放醋。

网友E：西红柿和鸡蛋，是食物中的绝配。我要找媳妇儿，只要会这道菜就行。

网友F：放点儿葱更好吃！

网友G：西红柿炒鸡蛋是跟妈妈学的第一道菜。

网友H：很多事，就像西红柿炒蛋放不放糖那样，没有那么重要啦！

对眼睛很好的西红柿炒肝

每隔一段时间，我都会买一点儿肝回来吃。那是因为它对眼睛很好，还能补气血。如果想要好脸色，时不时吃一点儿肝会有惊喜的发现。

西红柿炒肝是闽南家常菜。一般选择肝时，需要吃鲜嫩的，闽南俗称粉肝，肝身特柔软，带光泽。由于肝也有特殊的异味，因此买回肝后要冲洗一下，然后置于盆内浸泡消除瘀血。

肝要现切现做，新鲜的肝切后放置时间一长胆汁会流出，不仅损失养分，而且炒熟后有许多颗粒凝结在上面，影响外观和品质。所以肝切片后，应迅速使用调料和湿淀粉拌匀，并尽早下锅。

1 准备好食材：粉肝、西红柿、细葱、生姜、料酒、盐巴、白糖。

2 先将肝泡水后，再切好食材。

3 姜丝入锅爆香。

4 肝切片入锅，加入料酒翻炒，装盘备用。

5 西红柿入锅加盐巴、白糖炒至软烂。

6 倒入肝，撒入盐巴，翻炒下即可。

1

2

3

4

5

6

生病时的清淡粉丝

生病难受时，人们常常不吃东西，吃点儿药躺下就睡。这样不好，离开家人，更应该好好照顾自己。

生病时，做顿简单却不单调的晚餐很重要。用一些青菜、瘦肉，多些姜丝，煮些粉丝，清淡又好吃。

吃点儿软软的东西，喝一口汤，舒一口气。

吃饱后，吃些药。

就算生病了，也要让胃动起来，让身体充满能量，对抗疾病，早日康复。

1 准备好食材：粉丝、瘦肉、淀粉、青菜、生姜、西红柿、盐巴、料酒。

2 粉丝先泡水。

3 瘦肉切片，加入盐巴、料酒腌制，裹上淀粉。

4 姜丝炒香。

5 加入水，放入西红柿、肉片、粉丝、青菜。

6 出锅完成。

1 2 3

4 5 6

中式比萨
电影餐

周末，我喜欢邀请朋友来家里，来一个“电影趴”。找三部经典好看的片子，看到深夜。

通常，朋友都会下班就过来，所以，我需要为他们准备晚餐。

因为这个夜晚的主题是电影，而不是美食。所以，没必要在厨房忙上忙下，搞一大堆菜，乱了主次。我只需要烤上两个好吃又管饱的中式比萨就好了。

面饼做比萨底。一层层地撒入各式各样的酱料、豆腐乳、番茄酱，还有沙拉酱，然后铺上想吃的材料，直接扔进烤箱，20 分钟后，叮咚一声，晚餐就这样搞定了！

用面饼做的比萨底烤完后，焦脆而且松软，特别好吃。

把比萨放在茶几上，几个朋友围坐着，眼睛盯着电影，饿了伸手拿一块。每个人都处在一种最自由、最放松的状态。

美食和电影碰到一块的时候，它既不可或缺，又让你意识不到它的存在，这是美食的境界。

1

2

3

4

5

6

7

1 准备好食材：市场的死面饼、豆腐乳、番茄酱、鸡蛋、西红柿、培根、芝士、奶酪。

2 面饼切成烤盘的长形放入烤盘，刷上豆腐乳。

3 再刷上番茄酱。

4 炒个鸡蛋铺上去。

5 铺上切片的西红柿。

6 铺上培根。

7 最后撒入芝士片、奶酪，放入烤箱（温度 200 摄氏度左右，20 分钟）。

面包

顺着香气，找到那家面包店。

逛街的时候，我很喜欢去一家烘焙屋，在里面转悠很久，只为了尽情吮吸里面的空气。一盘盘胖乎乎、热腾腾的面包刚出炉，散发出淡淡的奶香麦香。玻璃窗里，戴着白色帽子的烘焙师正在精心照顾每一个刚出炉的面包，给它们刷上油，穿戴水果和奶油，然后递出窗口。

我掏钱买上一个，然后愉快地咬着逛街去了……

面包这个东西，光从字面上看，就挺可爱的。它还有另一个称呼，叫：“人造果实”。

将小麦粉、黑麦粉和面、发酵，揉捏成各种形状，然后烘烤。这是一个面包的基础做法。我最喜欢吃的，就是这种朴素的面包，尤其是刚出炉的，口感松软绵密，麦香诱人。

世界上的面包五花八门，光是夹馅就得有上百种。还有各种造型，各种创意搭配，面包上也有独特的风景。甜面包里放了很多的牛奶和鸡蛋，丹麦面包好吃是因为里面油脂很高，吐司面包最常见的搭配是黄油、果酱，法棍面包最奢侈的搭配是鹅肝。

大多数的面包是甜的，可以慰藉人的心。

它还寄托着人们对于生活的向往和希望，所以，有那么一句话在全世界流行：面包会有的。

人们对于面包的喜爱，远远超过了填饱肚子的需求。

在萨尔维亚，有一个小镇青年，喜爱面包到了狂热的地步。他放弃了画家的职业，开始四处游荡，走街串巷，四处寻访各种好吃的面包，学习制作面包的办法，搜集各种和面包有关的钱币、海报、徽章和邮票等。他用 25 年的时间，走了 7500 多个地方，搜集了 2000 多件实物，然后回到家乡，开了一个面包博物馆。每年，有一万多名热爱面包的人从世界各地前来参观。

这个小镇青年老了，他不会再四处游走了，晚年时光，就和他的面包博物馆在一起。

因为他爱面包，就为面包付出所有的时间，做了一件无懈可击的事情。因为只做了这一件事情，他获得了幸福和满足的一生。

培根吐司，忘记疲劳

开了一天的会，她真的非常累。

打开门，走进去，躺在沙发上就不想动，昏昏沉沉。

冬天，天黑得特别早。才下午6点，就已经黑尽了。

楼道里，电梯叮叮咚咚地响着，提示着不断有人回到这个大楼的每一层。每个人都在回家。阳台上，飘来隔壁温暖的菜香，还有摆放碗碟的声音，一只小狗在吃饭之际，特别活泼，不停地叫唤，生怕不给它吃的。

多希望有人能拉一下她呀！把她拉起来，去做点儿吃的。

或者来个电话，鼓励她，不要太懈怠。

肚子确实挺饿了。

她在脑子里回忆，家里还有些什么吃的？

有蔬菜吗？不多了。怎么做呀……

有面条吗？还没去买。

熬粥？太慢。

那还能吃什么？不用大费周折的。

还有面包……

那就烤点儿面包吃算了，没有烤箱，用平底锅就行。

她在脑子里描绘整个过程，先在锅里熔化黄油，然后放入厚吐司慢慢煎至焦黄。再放两片培根，一放进去，培根就发出了“嗞嗞”的声音和香气。然后，把煎香了的培根放在吐司上，放入菜叶与沙拉。再煎一个半生的荷包蛋，一口咬下，蛋黄会瞬间滑入培根和面包里。

最重要的是，做这个吃，不用洗碗！

想到这里，她停止了想象，马上起身，走进厨房。

1

2

3

4

1 准备好食材：厚面包片、黄油、培根、奶酪、酸黄瓜、生菜、西红柿、鸡蛋、沙拉酱。

2 黄油入锅熔化。

3 放入厚面包，两边煎至焦黄。

5

6

7

4 放入切片的奶酪与煎好的培根。

5 涂抹沙拉酱，铺上西红柿。

6 放入酸黄瓜与生菜。

7 最后放入煎好的半生鸡蛋。

下雨天的烟熏肠蔬菜吐司

最喜欢在下雨天给自己做点儿好吃的。

因为出不去，所以，不管在家里做什么，都多了一份从容和用心。

透过玻璃窗，看见斜斜的雨丝铺天盖地，树叶被风吹落到地上。地上全是水，打伞的行人吃力地走在路上，能感觉到，他在尽力不让地上的水钻到自己的鞋里去，又要避免雨滴从伞面滴落到自己的后颈窝里……

外面一切都淋湿了，更衬托出屋内的温暖愉悦。

下雨天，什么地方都去不了，所以，最好专心致志地做一件简单的事——下厨。

即便是做像吐司这样的晚餐，也可以比平时多花些心思料理，料理好每一片吐司。

烤箱烤吐司的设定为上下烤制，时间为10分钟，温度为150摄氏度，烤出的吐司外焦里嫩，口感上比较温和；温度为200摄氏度，烤出的吐司更加焦脆。利用烤箱烤出的吐司，能充分地将芝士片与奶酪熔化开来。如果家里没有烤箱的话，也可以用微波炉来烤制，利用中火30~40秒就可以了。

将制作汉堡与三明治的方法运用在吐司上，一层层地叠加喜欢的食材，通过沙拉酱、番茄酱来将层层食材黏合在一起。

大雨，浓雾，玻璃窗上的水点。吐司，柠檬茶，一盏灯。

吃完了饭，突然想撑伞出去走一走。

雨中的城市霓虹点点晃动，人影斑驳，车多，无声滑过。因为吃饱了，所以不冷，心里也不惶惑，只是安静地走一走。

1

2

3

4

5

6

7

1 准备好食材（厚吐司、黄油、沙拉酱、生菜、酸黄瓜、西红柿、番茄酱、培根、烟熏肠、奶酪削片），在盘底抹上黄油，厚吐司涂上沙拉酱。

2 铺上生菜与酸黄瓜。

3 铺上西红柿，倒入番茄酱。

4 铺上培根。

5 铺满切块的烟熏肠。

6 撒上奶酪削片。

7 烤箱温度 150 摄氏度，上下烤制，10 分钟出炉。

踏踏实实的牛肉排吐司

谁都有犯懒不想动弹的时候，可是肚子会饿。

还记得之前教你做的牛肉排吗?

做好了，吃一部分，放两块到冰箱存储。等到某一天，犯懒或者很疲倦，不想做饭的时候，拿出来解冻之后，放在吐司上，铺上你喜欢的蔬菜酱料，一起放入烤箱中烤一烤。一顿晚餐就完成了。

吃完，马上就觉得充满能量，牛肉排的分量真不小，踏踏实实，很满足。

如果你的牛肉排在冰箱冷冻室里带出来一点点难闻的异味，你可以在解冻之初，在上面挤一点儿柠檬汁儿，这样，牛肉排解冻之后，就会自然清香，更好吃了!

1

2

3

4

5

1 准备好食材：牛肉排、厚吐司、洋葱、西红柿、芝士片、沙拉酱、奶酪。

2 烤盘抹油，厚吐司涂上沙拉酱。

3 铺上西红柿。

4 撒上洋葱丁。

5 铺上芝士、牛肉排，撒上奶酪削片入烤箱烤熟即可。

简单优质的味噌鸡腿

鸡肉怎么做最好吃?

我童年的记忆有答案。

那时候的鸡都是农家散养的，活蹦乱跳的买回来宰杀。可不是家家都吃得起的。我们院子里有一个小伙伴，家里有钱得很，喜欢在公共的水池边宰鸡，在水龙头前洗鸡肠子，稀里哗啦，整个院子都知道了。有一天，我们在他家耍，听见厨房里有砍肉的声音，跑到厨房门边偷偷看。红红的炉火上，烧着一大锅开水，他妈妈把砍好的鸡肉，噼里啪啦倒进去，盖上锅盖，过了一会儿，香气就飘出来了。过了 20 分钟，小伙伴的妈妈看我们几个馋得掉口水，就挑了两块出来，抹了点儿盐，给我们吃。

白水煮的新鲜鸡肉，遇见盐，那是至今吃过最鲜美的肉。

我长大以后，做鸡肉，就喜欢用最简单的步骤，尽量少用调料。就希望做出鸡肉最本真的那个味道。

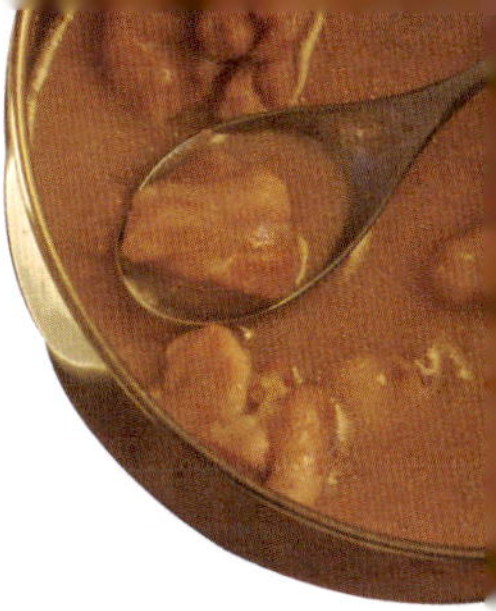

遗憾的是，进了城市，再也买不到好吃的鸡了。超市里的鸡，毛拔得光光的，一只只摆在那里，好看。但是，买回家，太容易熟，不管怎么做，都不香。

后来有朋友教我用味噌做鸡肉，好歹还能吃到一点儿鲜味。

用鸡腿来做味噌鸡最好，因为快熟易煮，很方便。

将鸡腿去骨后，用盐巴和白胡椒粉腌制下，然后铺上面粉，不是用于煎，而是一会儿入锅时能更好地包裹住鸡腿的原汁原味。

再加入一些葱和料酒，去除鸡肉的腥味。料酒要煮一煮，避免过度地抢味道。最后加入味噌，煮熟就行了。

这道菜鸡肉香滑，很好地将味噌的香气收住，却也不会过分浓重，煮过葱，也很好吃，是道很适合下饭的简单优质晚餐。

1

2

3

4

5

1 准备好食材：鸡腿、小葱、料酒、味噌、面粉。

2 鸡腿去骨，裹上面粉。

3 将料酒煮开。

4 加水，放入小葱、味噌调味。

5 加入鸡腿，煮熟即可。

过瘾的炸鸡块

每个人都有自己想吃的东西，吃多少遍都不会腻烦。

我对油炸的东西总是充满了感情。

尤其是刚到城市来生活的时候，吃得不好，看到街边油炸的肉类食品总忍不住买上一些。咬一口，瞬间时光定格，幸福感在胸口汹涌，脑袋后面蹦出硕大的“美味”二字！相信爱吃油炸食物的朋友，一定会有类似感受。

久而久之，体重也忍不住地跟着往上蹿。

后来我强迫自己慢慢养成少吃的习惯。这也不是那么难做到的。

禁了好几个月的油炸食物后，该犒劳一下自己了。炸鸡块，便是最好的犒劳食物。

鸡块用白胡椒粉和盐巴腌制，加入些姜末和蒜末去腥。炸的时候将鸡皮整理好，这样炸出来的鸡块会好看，接着入锅油炸至金黄即可。

为了减轻吃油炸食物的罪恶感，准备一些蔬菜沙拉是必须的，它是去油腻的好搭档。

炸鸡块剩下的油，过滤掉油渣，可以用来炒饭或者炒菜，不要浪费了。

1

2

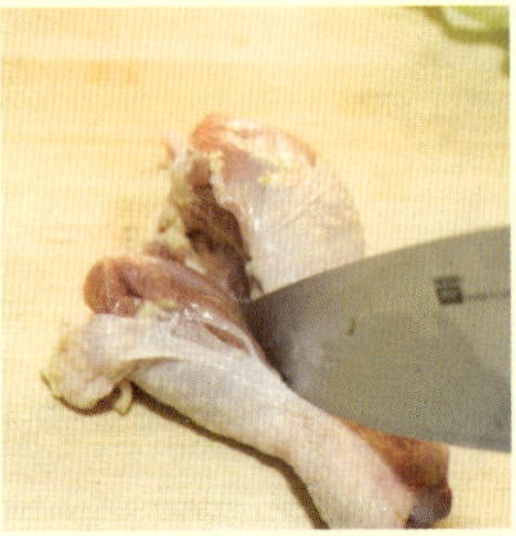

3

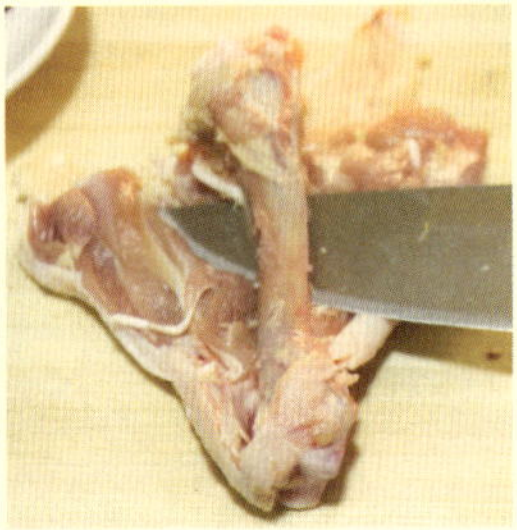

4

5

6

1 准备好食材：鸡腿、面粉、柠檬、生菜、鸡蛋、大蒜、生姜、盐巴、黑胡椒粉、沙拉酱。

2 鸡腿从中间顺着骨头划开。

3 刀口穿过骨头向下切开。

4 骨头与肉分开。

5 加入盐巴。

6 姜末与蒜末、黑胡椒粉搅拌腌制。

7

8

9

10

11

7 倒入鸡蛋。

8 撒入面粉搅拌。

9 鸡皮整理好入锅炸，炸出来的鸡块才好看。

10 入锅油炸。

11 沥干油后，便可装盘。生菜铺满盘底，再放入沙拉酱与柠檬。

忍不住吃光的肉排盖饭

必须要有世界第一的耐心，才能做好这道菜。

肉排盖饭，是有些小麻烦的料理。

每次做完，都会忍不住吃个精光，然后放下筷子，莫名地悲伤，低声问自己：“你的厨艺怎么如此厉害呢？”进而喝光剩在碗里的酱汁。

肉排不需要炸至全熟，七分熟的时候便可以出锅切块，再入锅与调制好的酱汁一起煮熟。酱汁不需要过多，大致到肉排的一半便可。放入洋葱，最后淋上的蛋液让整锅的肉排更加的圆满。肉排饱含汤汁，加上咸甜浓厚的酱香，白米饭粒粒分开，只要能吃到一碗热腾腾的肉排盖饭，不管多少烦恼，都能立刻忘到九霄云外！

洗碗的时候，把光溜溜的碗筷扔进水池里，玻璃窗里有自己的倒影，我送给了她一个毫不含糊的赞赏目光：有你的，过两天再做！

1　2　3

4　5　6

1 准备好食材：肉排、面粉、洋葱、面包屑、鸡蛋、酱汁、盐巴、白胡椒粉、黑胡椒粉。

2 肉排划开几道痕。

3 撒入盐巴、白胡椒粉、黑胡椒粉腌制。

4 先裹上面粉。

5 放入鸡蛋里裹匀。

6 再放入面包屑中包裹下。

7 入锅油炸。

7

8

9

10

11

12

8 肉排切块。

9 调制酱汁：3 勺豉油鸡汁、1 勺白糖、1 勺料酒、1/3 碗水。

10 放入洋葱。

11 放入切好的肉排。

12 倒入鸡蛋盖上煮熟。

饮品

PART 2

清凉冰爽的 MOJITO

1 准备好材料：一颗青柠檬、一把薄荷叶、朗姆酒、monin 糖浆、宝蓝吉青柠檬汁、苏打水、冰块。

2 将薄荷叶与青柠檬放入杯中，捣出汁。

3 倒入 2 盎司的朗姆酒。

4 倒入 2 盎司半的 monin 糖浆（莫林糖浆，专门制作 mojito）。

5 倒入 1 盎司的宝蓝吉青柠檬汁。

6 倒入冰块。

7 倒入苏打水，搅拌均匀（参照宜家八角杯比例调酒，容量 430 毫升，高 13.4 厘米。如果用小杯子，调的比例则各减一半）。

在家制作 焦糖苹果酱

1 准备好材料：苹果、柠檬、白糖、肉桂粉。

2 苹果去皮去芯，切块放入白糖，挤入柠檬汁腌制 5 个小时。

3 腌制 5 个小时苹果后倒出生的水分，放置备用，用搅拌机将苹果捣成泥状。

4 锅内放入白糖小火翻炒。

5 慢慢炒至焦糖呈黏稠状，倒入苹果生出的果汁。

6 倒入捣碎的苹果小火慢熬，至果酱浓稠时倒入肉桂粉便可。

（一般 2 个苹果可以熬出差不多 350 毫升瓶装的果酱。腌制苹果时白糖不需要放得太多，原本苹果已经是甜的。果酱在熬煮的时候要时刻翻搅，小火慢火，一不小心便会粘锅。大约熬制 5 分钟待慢慢熬至黏稠，这个时候的果酱需要及时地不停从底部翻动，防止粘锅。肉桂粉的比例随个人喜欢，差不多浓黑就可以了。）

有奶油更好吃的抹茶牛奶

1 准备好材料：抹茶粉、淡奶油、全脂纯牛奶、白糖。

2 将抹茶粉与全脂纯牛奶倒入锅中煮热，熔化开抹茶粉。

3 淡奶油与全脂纯牛奶一起倒入搅拌，比例为 3 勺淡奶油、1 勺全脂纯牛奶、半勺白糖。

4 用打蛋器充分搅拌，打成凝固状。

5 将奶油铺在抹茶牛奶上，撒入抹茶粉。

1

2

3

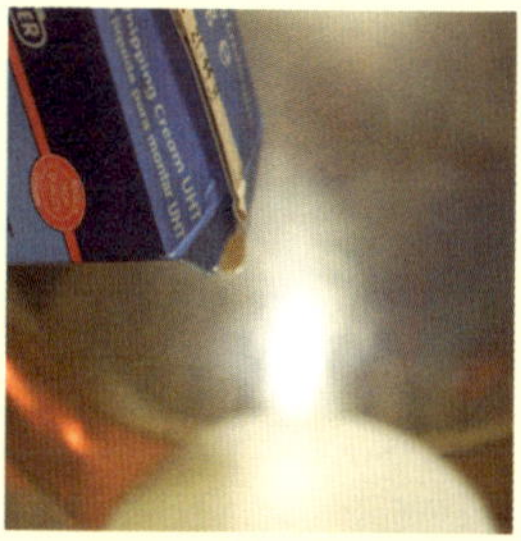

4

5

（打奶油，要用淡奶油才能打出凝固状，需要不停地充分旋转搅拌。抹茶牛奶中不需要放入白糖，在奶油中加入就可以了，这样出来的抹茶牛奶不会过于甜腻。）

给柠檬苏打加点儿盐

1 准备好材料：柠檬、苏打、冰块、蜂蜜、盐巴。

2 柠檬切块，放入杯子前用力挤出柠檬汁。

3 加入 1 勺蜂蜜。

4 倒入冰块。

5 倒入苏打水后搅拌均匀。

6 加入半勺盐巴。

（参照宜家八角杯比例调制，容量 430 毫升，高 13.4 厘米。加盐巴会让苏打喝起来有味道，蜂蜜用来平和柠檬的酸度，用半个柠檬便可。）

试试牛奶煮的红薯甜汤

1 准备好材料：红薯、冰糖、牛奶。

2 红薯切块泡在水中。

3 红薯放入锅中，倒入牛奶盖锅。

4 煮至红薯松软时，加入冰糖。

1

2

3

4

酸酸甜甜的柠檬蜜水

1

2

3

4

5

1 准备好材料：柠檬、蜂蜜、盐巴。

2 柠檬去掉头尾，泡入水中，加些盐巴。

3 柠檬切成薄薄的片。

4 柠檬正反两面蘸上蜂蜜。

5 一片柠檬再倒入一勺蜂蜜，一层层地累加，最后用密封罐封起来。

（泡好的柠檬片密封后，可以放在冰箱中保质一个月，没事的时候就可以拿出几片泡冰水喝。热水会破坏蜂蜜的甜度，让柠檬喝起来味道苦涩。）

冬天里的苹果甜汤

1 准备好材料：苹果汁、苹果、柠檬、肉桂、肉桂粉。

2 苹果去皮切丁。

3 苹果与柠檬放入苹果汁中煮，加入肉桂。

4 最后再撒入肉桂粉。

1

2

3

4

（这是很适合在冬天喝的小甜汤，苹果汁做底味道更为香醇，加入肉桂能充分地挥发苹果的香味。）

蜂蜜

好东西，要好好喝。

冰雪融化，春暖花开，蜜蜂们又要开始忙碌了。

只要不下雨，工蜂每天都要出去工作。

它不停地挥动翅膀，找到花，伸出吸管一样的舌头，在花朵里吸蜜汁。吸完这朵，再吸那朵。

当采完 100 多朵花时，它的胃装满了蜜，就会往回飞。

工蜂们把蜜吐到空蜂房里，然后再出去继续采蜜，如此来来回回。到了晚上，它们将花蜜汁吸回胃里调制，再吐出来，再吸，再吐。如此重复 100 多次，才将花蜜酿成了蜂蜜。

我认识一个朋友，大学毕业以后，在外企工作了一段时间，突然辞职不干了，一个人去了四川当养蜂人。

一个整天在写字楼里开会的白领，一下变成了一个成天乐呵呵伺候蜜蜂的蜂农。我对他的生活十分好奇，经常去看他的微博。

在他的微博里，全是蓝天、白云、花田、蜂箱……

金黄色的油菜花田在阳光下十分耀眼，成群结队的蜜蜂在花丛中忙碌着。

他眯缝着眼睛，修理蜂箱。洋溢着喜悦之情取蜜，装罐。自己手绘标签，贴在罐子上，在网上售卖。生意不错，收入比在外企上班差不了多少，但这份甜蜜的事业自由和愉快多了！

这位朋友告诉我，每只蜜蜂每天飞出去 20 次，最多可以采到 1 克的花蜜，1 克的花蜜能酿成 0.2 克左右蜂蜜。蜜蜂过冬，自己还要吃掉一部分。所以，纯正的蜂蜜，需要很多蜜蜂的辛勤劳作，产量是很低的。现在超市里卖的蜂蜜，大多数都是不纯的，都掺了糖。

真的蜂蜜是不透明的，那种色泽鲜艳的“蜂蜜”都是糖浆熬成的。真蜂蜜香甜可口，但是有轻微的酸味，闻起来有淡淡的花香，但假蜂蜜闻起来是糖味。

还可以将一滴蜂蜜滴在白纸上，纯正的蜂蜜会在纸上凝结成珠状，而掺了假的蜂蜜因为含水量高，就逐渐渗开。

一瓶好的蜂蜜芬芳馥郁，来之不易，好东西，要好好喝。

不要用开水来冲，那样会破坏掉它的营养。最好是用 40℃以下的温开水或凉开水稀释后来喝。一杯蜂蜜水喝下去，嘴里留着甜蜜，胃里洋溢着幸福。

喝蜂蜜水，总有好好照顾自己的感觉。

调制各种甜品时，如果用蜂蜜来取代糖，会更有营养和口感。

喝酒以后，喝一大杯蜂蜜水，马上就舒服多了。

每天早上喝一杯淡盐水，晚上喝一杯蜂蜜水，润肠通便，浑身轻松。这个一试就灵。

冰冻更佳的冰糖水果

1 准备好材料：苹果、梨、橘子、冰糖。

2 苹果、梨切块泡水。

3 橘子剥皮，掰开。

4 将苹果、梨、橘子，入锅煮，煮开加入冰糖。

1

2

3

4

（完成的冰糖水果，放凉后放在冰箱中冰冻，味道更佳。）

发挥创意的酸奶杯

1

2

3

4

1 准备好材料：老酸奶、酸奶、水蜜桃、香蕉、乐之饼干、奥利奥。

2 在杯子底部铺满酸奶。

3 乐之饼干弄碎，铺在酸奶上。

4 奥利奥去掉中间的糖弄碎，铺在酸奶上。

5

6

7

5 铺上一层老酸奶，香蕉切片铺上。

6 铺上老酸奶，水蜜桃切丁铺上。

7 铺上老酸奶后，用普通的酸奶填补平，撒入一些奥利奥粉。

（做酸奶杯，用老酸奶凝固度高，容易叠加层次，普通的酸奶不够浓稠，用在最后填补缝隙。用乐之饼干因为口感略咸，奥利奥去掉糖口感略苦，都能更好地带出酸奶酸酸甜甜的味觉，很有层次感的甜品。）

图书在版编目（CIP）数据

有些事现在不做，一辈子都不会做了 . 一顿自己的晚餐 / 韩梅梅，杂鱼著 . 一北京：北京联合出版公司，2017.9

ISBN 978-7-5596-0843-7

Ⅰ . ①有… Ⅱ . ①韩… ②杂… Ⅲ . ①人生哲学－通俗读物 Ⅳ . ① B821-49

中国版本图书馆 CIP 数据核字（2017）第 193730 号

有些事现在不做，一辈子都不会做了 . 一顿自己的晚餐

作　　者：韩梅梅，杂鱼

责任编辑：宋延涛

北京联合出版公司出版

（北京市西城区德外大街 83 号楼 9 层　100088）

北京市雅迪彩色印刷有限公司印刷　　新华书店经销

字数：180 千字　880mm×1230mm　1/32　印张：9

2017 年 12 月第 1 版　2017 年 12 月第 1 次印刷

ISBN 978-7-5596-0843-7

定价：39.80 元